JN098751

動ける強いカラダを作る！

ケトルベル

著 花咲 拓実 StrongFirst公認ケトルベルインストラクター

日東書院

はじめに

ひと昔前は「？」と思われていたケトルベルですが、最近はジムやトレーニング器具を扱うショップなどで見かけることも増え、ダイエットやトレーニングとして取り入れている方も多いのではないでしょうか？

しかしながらＳＮＳなどの情報を覗いてみると、根拠のない情報やケガのリスクが高まるであろうフォームを紹介しているものが非常に多いように感じます。

私が初めてケトルベルを手にしたのは、２００８年の3月、高校1年生の時でした。当時は情報も少なかったので、なにもわからず闇雲に振り回していましたが、若さとトレーニング経験のなさもあり、見た目も引き締まり、競技のパフォーマンスも大きく向上しました。今考えるとケガにつながるような無茶もたくさんやりましたが、大きなケガをしなかったのは若さのおかげでしょう。

この4年後、アメリカに母体を置くケトルベル組織の門をたたき、正しいケトルベルの扱い方を学ぶことになりました。そしてそれ以降、私が海外の団体で学んだ情報や経験、多くの受講生の方々との体験を通じて得られた、「安全なケトルベルの恩恵」を本書にまとめました。

本書で紹介させていただく「正しく安全な情報」が、皆さまの得たい効果を最大限に引き出すお手伝いになれば幸いです。

StrongFirst公認ケトルベルインストラクター　花咲 拓実

動ける強いカラダを作る！ケトルベル

CONTENTS

PART 3 身体の連動性を効果的に高める
－トルコ式ゲットアップ・ウィンドミル・ベントプレス－

PART 4 全身の筋力を効果的に鍛える ーミリタリープレス・スクワットー

PART 5 そのほかのケトルベル種目とプログラム例

PART 6 ケトルベルの効果を10倍アップさせるフィジカルトレーニング 179

種目や動き、ポイントの解説

種目の練習に入る前に知っておいてもらいたい情報や注意点をまとめています。

▶▶▶ PART 2 身体の後ろ側を効果的に鍛える -ケトルベルスイング-

Kettle Bell Training 01 背面を強化する

スイングとは？

両手スイングの動き

遠心力を負荷にして、ケトルベルを振り上げたり、振り下ろしたりする

スイングはケトルベルの代表的な動き

スイングは、ケトルベルの特徴である両手で1個のケトルベルを持つ「両手スイング」と片手でケトルベルを持つ「片手スイング」があります。いずれのスイングも「極め」の状態を素早く作ることで、動作のスピードを可能な限り速くします。そしてスイングで生まれた衝撃を、全身へ波及させます。

このスイングですが、見様見真似で行ってしまうと振り下げる衝撃で腰を痛めたり、姿勢が悪くて首を痛めたりすることもあります。せっかくはじめるケトルベルトレーニングですから、身体を痛めることなく安全に、そして確実に効果を得られるように、じっくりと正しい動きを作っていきましょう。

30

スイングの土台を作る

①ヒンジ

股関節の動きを引き出す基本動作を覚える

②デッドリフト

スイングの身体の使い方を覚えられる

スイングの前に行う2つの種目

先ほど紹介したように、見様見真似でスイングをすることはリスクがあります。そこで本書では、安全にかつ確実にスイングが行えるように、スイングをはじめる前に「ヒップヒンジ（以下ヒンジ）」と「デッドリフト」という2つの種目を練習します。

ヒンジは、股関節のパワフルな動きを引き出すために重要な動きです。股関節は多くの筋肉に支えられており、人体で最も力強い動作を行え、スイングでも重要な役割を果たします。

デッドリフトは、スイングとほぼ同じ身体の使い方になり、フォーム改善としても有効なトレーニングになります。スイングに入る前に、正しい動きをつかみましょう。

「ヒンジ」と「デッドリフト」で正しいフォームと身体の動かし方を覚えたら、いよいよスイングです。経験者の方も自分のフォームや正しい動きを確認するために、ヒンジ、デッドリフトの順番で行ってみてください。また事前の練習としてだけでなく、ウォーミングアップやトレーニング種目に加えるなど、継続的に行うことでフォームをさらに強化できます。

31

この種目を実施する際に特に重要になる動きや知識、注意していただきたいポイントをまとめています

主に各パートの冒頭にあります。画像で動きのイメージをつけながら本文を読んで理解を深めてください。

種目のお手本ページ

種目の流れとポイントを紹介しています。まずは写真で動きのイメージをつかみ、それぞれのポイントに注意することで動きの質が上がります。なお動きが複雑な種目については、下の写真のように「動きの全体の流れをつかんでもらう『動き』」のページと、「流れをつかんだうえで押さえてもらいたいポイントをまとめた『お手本』に分けて紹介しています。

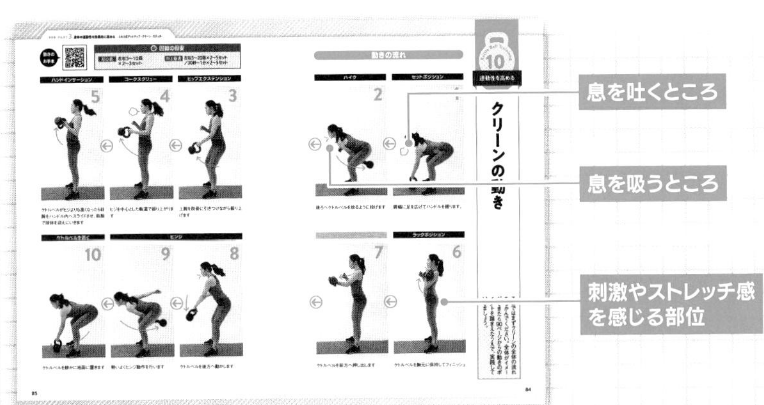

動きの流れを連続写真で紹介しています。主要な種目はQRコードから動画も見られます。動画と写真を連動させて、正しい動きを身につけてください。

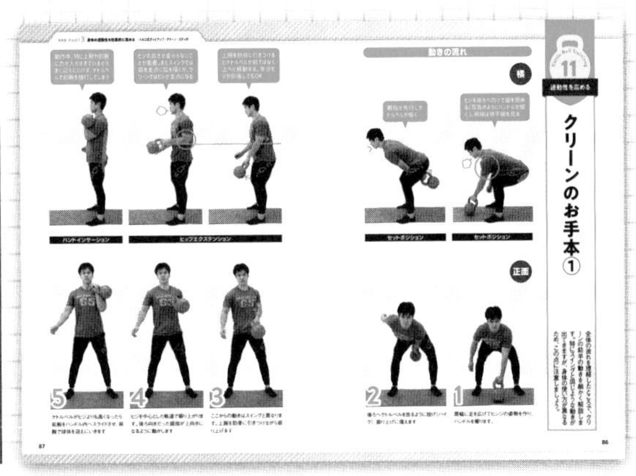

誌面の記号の意味

- 息を吸う
- 息を吐く
- 刺激やストレッチ感を感じる部位
- お腹に力を入れる
- 身体によくない刺激や痛み

よくある失敗と対策

本書のメイン項目の1つです。それぞれの種目でやってしまいがちな失敗とその原因、改善方法を詳しく紹介しています。この内容を時々チェックしながら正しい動きを身につけることで、安全に確実にケトルベルの効果を得られます。

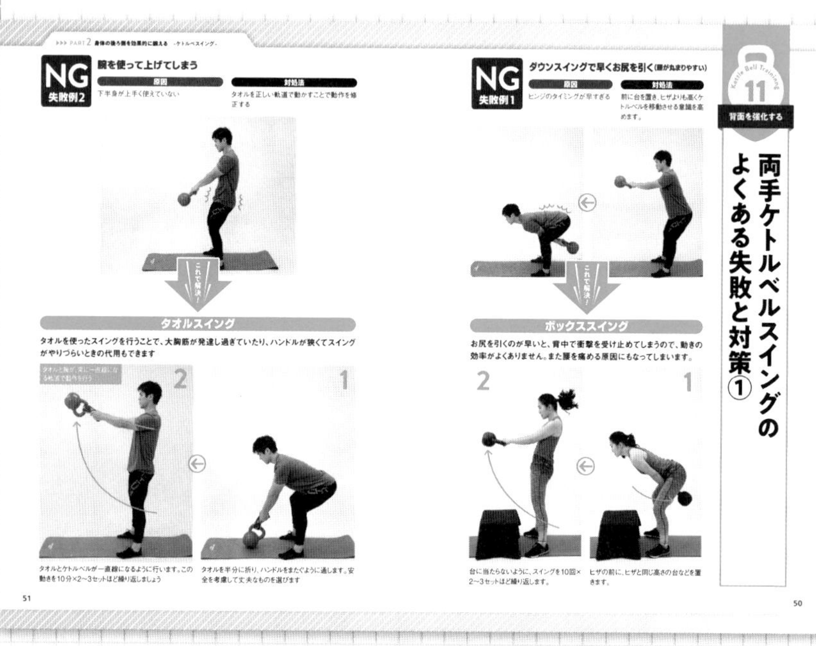

Kettle Bell Training 11 背面を強化する

両手ケトルベルスイングのよくある失敗と対策①

NG 失敗例1 ダウンスイングで早くお尻を引く（腰が丸まりやすい）

原因：ヒンジのタイミングが早すぎる

対処法：前に台を置き、ヒザよりも高くケトルベルを移動させる意識を高めます。

これで解決！

ボックススイング

お尻を引くのが早いと、背中で衝撃を受け止めてしまうので、動きの効率がよくありません。また腰を痛める原因にもなってしまいます。

1 ヒザの前に、ヒザと同じ高さの台などを置きます。

2 台に当たらないように、スイングを10回×2〜3セットほど繰り返します。

50

▶▶▶ PART 2 身体の後ろ側を効果的に鍛える -ケトルベスイング-

NG 失敗例2 腕を使って上げてしまう

原因：下半身が上手く使えていない

対処法：タオルを正しい軌道で動かすことで動作を修正する

これで解決！

タオルスイング

タオルを使ったスイングを行うことで、大胸筋が発達し過ぎていたり、ハンドルが狭くてスイングがやりづらいときの代用もできます

1 タオルを半分に折り、ハンドルをまたぐように通します。安全を考慮して丈夫なものを選びます

2 タオルとケトルベルが一直線になるように行います。この動きを10分×2〜3セットほど繰り返しましょう

51

「身体に痛みが出る」「スムーズに動けない」などの実感があれば、改善方法を試してみましょう。また定期的に改善方法を実践することで、確実に動きの質を高められます。

PART 1

ケトルベルとは?

Kettle Bell Training 01

ケトルベルのキホン

ケトルベルとは？

2つのトレーニングスタイル

ケトルベルを使ったトレーニングのスタイルには、「ハードスタイル」と「ギレヴォイスタイル」の2つがあります。本書では「ハードスタイル」を取り入れています。

➔ ハードスタイル

本書はこちら

筋力発揮を最適化する方法。
身体機能の強化に特化したケトルベルトレーニング

➔ ギレヴォイスタイル

力を節約して行う方法。
スポーツ競技としてのケトルベルトレーニング

ハードスタイルとは？

ハードスタイルは「極め」、つまり最大限の力をできるだけ短時間に発揮して行うトレーニングです。重心の移動やヒザの遊びを少なくし、筋肉が持つ潜在能力を最大限に発揮させて衝撃を発生させます。そして発生した衝撃を筋肉や腱、骨などの組織へ波及させていくことで、様々なトレーニング効果を得られます。

ロシア発祥の歴史あるトレーニング器具

砲丸にハンドルがついた形状をしているケトルベル。ハンドルがついた形状がヤカン（英語でケトル：kettle）に似ていることからこの名がついたとされています。

その歴史は古く、1704年にロシアの辞書に初めて登場しています。流行り廃りのあるフィットネス市場において、有酸素性能力と無酸素性能力などを省スペースで向上させることができる利便性から再注目されています。世界中のセレブやアスリートに使われているだけでなく、人気ゲームやドラマにも登場するなど、トレーニングに馴染みがない方でも見かける機会が増えています。

ケトルベルは、重心が球体の真ん中にありハンドルから距離があります。この特異な形状から遠心力を扱ったトレーニングを行えますので、重

ケトルベルの種目例

スナッチ

スイング以上に動作が大きく、心肺機能も大きく向上できる種目

ゲットアップ

機能的な動作を組み込んだ、全身を鍛えられる種目

スイング

ケトルベルを振り上げたり、振り下ろしたりする代表的な種目

フロントスクワット

下半身の筋力強化と柔軟性の向上に適した種目

ミリタリープレス

ケトルベルを頭上まで挙げる、力を象徴する種目

クリーン

スイングの延長線上にある種目。様々な種目につながるので、ぜひマスターしたい。

量を重くしなくても動作スピードを速めて負荷を高めることができるといった特徴があります。また、重心が離れているためにバランスを取りづらく、より多くの筋肉を動員する必要があります。ケトルベルの種目は全般的に特定の筋肉を鍛えることには適していませんが、正しく行うことで筋肥大効果も十分に期待できます。

ケトルベルで得られる効果

ケトルベルトレーニングは、「人間の基本的な動作の練習」が行えます。さらに筋肉や腱などの組織へ負荷が波及することで、体のさまざまな部分が強化されていきます。この特性によって快適に日常生活を送れることはもちろんですが、競技のパフォーマンス向上やケガの予防にもつながります。

またアメリカではヒップアップ目的など、お尻のトレーニングとしてケトルベルが取りあげられることが多いのですが、お尻だけでなく、運動や日常生活で重要な「ポステリアルチェーン」と呼ばれる体の後面全体と体幹を効率よく強化することができます。効果については、14のページから詳しく紹介します。

Kettle Bell Training 02

ケトルベルのキホン

よい姿勢と引き締まった身体が作れる

運動の消費カロリーランキング

1時間の運動を行った際の消費カロリー量のランキング。アメリカのデータであるため、体重200ポンド(約90kg)の方が行った場合の数値であるが、消費カロリーの目安となる

ケトルベル 1,212kcal ケトルベルスナッチを続ける

順位	運動	消費カロリー	内容
1位	ハイペースなランニング	1,074kcal	時速13kmのペースを想定
2位	サッカー	937kcal	11人制のサッカー
3位	テコンドー	937kcal	足を主に使う格闘技
4位	水泳	892kcal	大会さながらのハイペースで泳ぐ
5位	テニス	728kcal	シングルス
6位	タッチフットボール	728kcal	タックルの代わりにタッチをするアメリカンフットボール
7位	バスケットボール	728kcal	フルコートで行うバスケットボール
8位	ラケットボール	637kcal	アメリカで手軽にできるスポーツ。スカッシュに似ている
9位	アイススケート	637kcal	平地を滑るスケート
10位	野球/ソフトボール	455kcal	
11位	スキー(ダウンヒル)	391kcal	最もハイスピード(平均100km/h)で滑るスキーの競技
12位	ゴルフ	319kcal	クラブを自分で持って歩いた場合
13位	バレーボール	364kcal	
14位	ボウリング	273kcal	

出典:アメリカ国立衛生研究所(NIH)発表のデータをもとに作成、一部改変

高い脂肪燃焼効果により身体が引き締まる

ここからケトルベルによって得られる効果について、さらに掘り下げて説明します。

ケトルベルは多くの筋肉を動員するため、比較的簡単に心拍数が上がります。American Council on Exercise(※)が2010年に発表したデータでは、ケトルベルスナッチを1分間続けると、少なくとも202kcalを消費したという結果が出ています。単純計算で1時間に約1200kcalも消費することになり、時速16kmのランニングと同等のエネルギー消費となります。つまりスポーツやフィットネスで1時間当たりの消費カロリーが最も大きい運動の1つといえ、脂肪の燃焼効果が期待できます。

また、運動後過剰酸素消費量(Excess Post-exercise Oxygen Consumption)と呼ばれる無酸素運動後の消費カロリー増強効果も見込めます

※American Council on Exerciseは、フィットネス認定や教育、トレーニングを提供する非営利団体。通称ACE。

ケトルベルの効果① 身体が引き締まる

ケトルベルによって引き締まった身体やよい姿勢が作れる

ので、ケトルベルでの運動後の代謝UPによるダイエット効果も期待できます。

女性はヒップアップや全体的な引き締め効果、男性はシックスパックや逆三角形の背中などの効果を得ることができます。

男性はたくましく 女性は美しいボディに！

本書で紹介する「ハードスタイルを用いたケトルベルトレーニング」では、動作中の姿勢を細かくチェックします。姿勢の不良は、日常の動作や特定の筋肉の筋力、柔軟性の低下などに起因していますが、正しい姿勢に修正しながら運動を繰り返すことで、日常の姿勢も改善されていきます。症状にもよりますが、姿勢の改善によって肩や腰の痛みを軽減する可能性もあります。

また僧帽筋ではなく広背筋を使うため、僧帽筋に起因する肩こりの解消にも効果的です。なによりケトルベルを振ることで生まれる未知な刺激を楽しむ方も多く、ストレス発散にもつながるでしょう。

ケトルベルのキホン

Kettle Bell Training 03

動きの質が変わり競技力が格段にアップ

ケトルベルの効果② 競技力が上がる

- 機能性の高い身体が作れる
- 今よりも効率よく身体を動かせる
- ケガをしにくい身体になる

正しい動作パターンを覚え質を向上させる

私たちの日常生活での行動は、多くの基本的な動作を複合的に行っています。そしてハードスタイルを用いたケトルベルトレーニングでは、基本的な動きである「ヒンジ」や「スクワット」、「ローリング」などを反復します。

本書では、種目の紹介よりも正しい姿勢と動きを習得することに重点をおいているため、本書を通して正しい動きを覚えて反復することで、基本的な動作パターンの質が向上します。

質の高い動作のパターンは動きのスムーズさを促進しますし、それぞれの関節の負担を軽減し、ムダのない筋出力ができるようになります。

さらにケトルベルトレーニングでは、SSC（ストレッチショートニングサイクル）や、足部の重心移動なども必要になるため、筋肉の出力改善や

ケトルベルの効果③　胸椎の可動域が広がる

- キレのあるパンチやキックが放てる
- 投球動作や打撃動作がスムーズになる
- 肩の可動域が広がる
- 腰や肩の痛みが解消される

バランス能力などの向上も見込めます。それによって皆さんの生活やスポーツにも大きなよい効果を与えます。

胸椎が回旋する可動域を広げる

スポーツの動作で非常に多いのは、体幹部の捻りを伴う動きです。例えば、野球やテニス、ゴルフなどで用いられるスイング動作や、格闘技のパンチとキック、バレーボールのスパイクなどがあります。

この体幹部の捻りに非常に重要な役割を果たしているのが、胸椎の回旋です。そして胸椎が回旋する可動域が大きくなるほど、体幹の捻りを大きく使えるようになります。その結果、先ほど挙げたそれぞれのスポーツの動きが大きくなると同時に、より効率のよい動きに改善されていきます。

また、胸椎の可動域が適切でないことで肩や腰に負担をかけるなどの影響を与え、ケガにつながることもあります。肩をスムーズに動かせなかったり、腰に疲れが出やすいなど、すでに悩みを抱えている方もケトルベルによるトレーニングで胸椎の可動域をしっかりと確保することで、このような悩みが解消されるかもしれません。

ケトルベルのキホン

Kettle Bell Trainining 04

長く動き続けられる疲れ知らずの身体になる

ケトルベルの効果④　心肺機能が高まる

- 日常や試合中に疲れにくくなる
- すぐに回復する能力が身につく
- トレーニングの質が高くなる
- 競技に特化した練習に集中できる体力が得られる

身体にかかる衝撃が心肺機能を高める

持久力の源である心肺機能は、すべてのスポーツだけでなく、日常生活でも非常に重要な能力です。

ケトルベルはその形状から、特定の筋肉だけを使うのではなく多くの筋肉を動員した運動になります。また遠心力を負荷として取り入れるため、軽い重さでも大きな衝撃を体に与えられます。

想像をしてもらいたいのですが、頭の上から24kgの重りを地面に落としたらどうなるでしょうか？　地面が土であればクレーターのような穴が開くでしょうし、コンクリートであればヒビが入ったり、欠けたりするでしょう。ケトルベルではこのような破壊力を持った重さを身体で受け止めるわけですから、相当な衝撃が全身に波及することは想像に難くないでしょう。

特にスナッチのような種目

最大心拍数は220－年齢ではない!?

スポーツに携わる多くの方々が、最大心拍数を求める公式は「220-年齢」と覚えているでしょう。しかし近年、この公式は緻密な実験や膨大なデータを元にしたものではないとされています。またアメリカではメタ解析法という研究方法から導き出された「208-0.7×年齢」という公式が用いられることが多くなっています。もちろん個人差があるため、必ずしも当てはまるわけではないことを、頭に入れておいてください。

では、全身の筋肉の大半を動員したうえで、大きな衝撃を繰り返し全身へ波及させていくので、心肺機能への負荷も相当高くなります。

瞬時に心拍数が跳ね上がる

ケトルベルトレーニングでは、全身を連動させた高強度のトレーニングを行うことができます。バーベルのような高重量を使わなくても、遠心力で発生する負荷を全身で受け止めることで、1分間の心拍数は140~180程度に瞬時に跳ね上がります。それからケトルベルスナッチのような種目では、多くの回数（高回数）を行うことにも適していますので、最大心拍数に近い強度でトレーニングを続けることができます。

ケトルベルトレーニングでは、日常生活では体験することがない心拍数を超えることで、疲れ知らずの身体を手に入れることができるでしょう。

ケトルベルのキホン

Kettle Bell Training 05

パワーアップとコアの強化で動きが進化

ケトルベルの効果⑤　パワーアップ

- スプリントのタイムを縮めたい
- 垂直跳びでもっと高く跳びたい
- 球速を上げたい
- 打撃（パンチやキック）の破壊力を高めたい
- もっと球を飛ばしたい（野球やゴルフなど）

筋肉の動員数が増え筋力が鍛えられる

競技に携わる全員が最も向上させたい能力の1つがパワーでしょう。一見パワーと関係なく思われがちなマラソンのような種目でも、ストライドを高めたり、タイムを縮めるメリットがあるため、ぜひ向上させたい能力です。

ケトルベルには、遠心力による負荷を使った特徴的な種目（スイング、クリーン、スナッチなど）があります。これらの種目では、筋肉の弾性作用（SSC）を活用してケトルベルを振り上げます。それによって筋肉の動員数を増やすことができ、結果的に筋肉の筋発揮を大きく高めることができます。

またケトルベルの種目の多くは、ポステリアルチェーンと呼ばれる身体の背面の筋肉が主に働くことで、股関節伸展（お尻を前に突き出す動作）能力を大きく向上させます。

ケトルベルの効果⑥　体幹の強化

- 軸のブレないパフォーマンスができる
- 当たり負けない強い体になる
- 四肢の力を上手く生かせる
- 腰の疲労感や違和感が減る

股関節の伸展動作は、胸椎回旋と連動して動きます。俗に言う「腰を使え」につながる動きです。そして競技ごとの専門的なトレーニングと組み合わせることで相乗効果が期待できます。

四肢の機能を100％引き出す体幹の強化

コアとは身体の幹である体幹を指し、強い幹ができることで枝である四肢も、力を100％発揮できるようになります。

ケトルベル種目では、呼吸をしながら体幹の安定性と腹筋群の動員を高めます。意識的な呼吸は腹部周辺の筋肉を活性化させ、腹圧を高められます。それからケトルベルを振ったときの遠心力の衝撃を受け止めることで、安定した体幹が作られていきます。

また、片手で行うスイングでは、左右の重心位置が異なるため、身体を捻るような力が働きます。この力に耐えて安定させる「アンチローテイション」によって、体幹部分の強化を促せます。高重量を用いたトルコ式ゲットアップという種目では、ほかの腹筋運動よりも高い腹筋群の発揮が報告されています。腹部や腰への負担に耐えることで、あらゆるスポーツに必要な体幹の強化ができるのです。

Kettle Bell Training 06

ケトルベルのキホン

自分にあった道具の選び方①
ケトルベル～あまり重い重量からはじめない～

材質と形状の違い

多くの種類が販売されているケトルベル。ここからは材質や特徴を中心にケトルベルの違いを解説します。安全性を考えると、継ぎ目のない一体型が安心です。

■キャストアイアン製

最も普及しており、値段も手ごろなものが多いケトルベルです。メーカーによってハンドルの太さやハンドルと球体の距離が異なります。塗装方法によっては錆びやすく、ハンドルの滑りやすい製品もあります。

■ビニールコーティングされたもの

キャストアイアン製の球体部分を、衝撃吸収材でコーティングしたもの。室内での使用を想定しており、床を傷つけないという面で優れています。ハンドルが細く作られています。底面が平面でないため、特定の種目には不向きです。

■ステンレス製

重量の目安

女性	
8kg	運動経験のない方
12kg	スポーツやトレーニングの経験がある方

男性	
12kg	運動経験のない方
16kg	スポーツやトレーニングの経験がある方

重い重量を選ぶ、重量をかえる

20〜24kg

ベンチプレス100kg以上、デッドリフト140kg以上を扱える方

+4〜8kg

手持ちのケトルベルが軽くなったら、現状よりも8kg重いものを購入

競技で用いられます。色で重さを区別でき、球体の大きさやハンドルの太さはすべて同じです。耐久性は高いのですが、鉄製と比較すると高値です。ハンドルが四角く、手を深く差し込むことが難しいこと、形状的にキャストアイアンよりもスピードが出づらいことなどの理由から、競技を目指している方以外は推奨しません。

■重量可変式ケトルベル

重量が変えられるタイプです。安全性や動作の効率性を考えると推奨しかねます。

重さの違い

ダンベルなどの重りとは重心が異なるため、初めて触ると想像以上に重く感じるでしょう。多くのメーカーでは4kg刻みで用意しているため、自分のレベルにあったケトルベルを選択しましょう。

著名な元重量挙げ選手のルイ・シモンズは、700lbsのベンチプレスを挙げられますが、24kgを使っていたそうです。それを上回る力持ちであれば、最初から24kg以上でもいいでしょう。手持ちのケトルベルが軽くなった場合ですが、男性であれば8kg、女性であれば4kg重いものを購入しましょう。同じ重さをそろえて、ダブル種目を行ってもいいと思います。

Kettle Bell Traininng 07

ケトルベルのキホン

自分にあった道具の選び方②
おすすめの服装と不要なギア

服装や靴選びのポイント

チョーク以外は特に買いそろえる必要はないが、ここで挙げたポイントを踏まえた服装で行いたい

基本的には新たに買いそろえる必要はない

ケトルベルを行うにあたり、特に買いそろえる必要があるギアはありませんが、トレーニングに適したギアのポイントを記しておきます。

■靴

ケトルベルでは立位で行ったり、重心移動を伴う動作が多いため、クッション性が高くカカトが高い靴はお勧めしません。クッション性が高いと重量を保持している際に不安定になりやすく、カカトが高い靴はヒザが動きやすいからです。そしてヒンジ動作が行いづらく、お尻の筋肉をうまく使えません。できるだけソールが固くフラットなものを選択しましょう。

おすすめは裸足です。裸足でケトルベルトレーニングを行うことで、足裏の細かい筋肉や、足裏でセンサーの役割を果たしている「固有感覚受容器」にも刺激を与えられま

その他のギアの注意点

ベルト	腹圧を高める効果はあるが、動作の可動域を妨げる可能性もあるため、ベルトは使用しない。正しい呼吸を学習し、腹圧を高めたうえで実施したい。
リストラップ	ダンベルやバーベルのように手を握らなくても保持でき、手首への負担は少ないため巻く必要はない。
グローブ	極力避けたい。多くの回数を行うことによる手のひらのダメージを軽減する目的(マメの予防)で使用してもよい。テーピングや使い古した靴下をカットしてもOK。軍手のような厚手を使うことで前腕の負荷を高めることもできる。軍手を使う場合は、指先をカットすること。
リストバンド	慣れないうちは痛みを感じるかもしれないが、正しい位置で動かせると徐々に痛みなく保持できるようになる。最も保持しやすい位置を把握し、徐々に負荷を高めて慣れること。痛みが出る場合は使用してもよいが、バンドの厚みの分、ケトルベルの重心が離れてしまうため、本来の動きと異なってしまう。できるだけ多用しないようにしたい。
鏡	鏡だけでは、前後左右のフォームを確認できない。また鏡を見ながら行うことで、動作が崩れる可能性があるため推奨しない。特にバリスティックな動作は、余計な思考が入ると正しく動きにくいため、動作中に余計な情報を入れないようにしたい。フォームを確認したい場合には、動画を撮ってあとから見るようにしたい。

トレーニングでは一般的なギアであっても、ケトルベルには適さないものもある。とくに慣れないうちはこの表に記した内容に注意したい

す。

靴下やサンダルでもよいのですが、滑りやすい床の上で行うと危険が生じやすいため、安全面に注意して行いましょう。

■服装

ケトルベルでは、基本的に股の下を通す動作を行います。そのため、股下が緩めのズボンはお勧めしません。また、振り下ろしたときにモモの内側に腕が当たると、摩擦が生じます。そのため肌と肌が擦れる可能性がある露出の高いズボン（短パンなど）もお勧めしません。

トレーニング用のタイツや、コットンや伸張性のある素材を使ったズボンがお勧めです。

■チョーク

手の中でハンドルが回転したり、移動したりする種目では、汗でハンドルが滑ることがあります。それに爆発的な動作で行うバリスティック種目では、動作への影響だけでなく、ケトルベルが手からすっぽ抜けてしまう危険も高くなります。安全と動作効率を高めるために、炭酸マグネシウムのような滑り止めを使うとよいでしょう。ただし公共の施設内では使用できませんので、その場合は手を乾かすだけの製品を準備しましょう。

Kettle Bell Training 08

ケトルベルのキホン

トレーニング時の注意ポイント

正しい上げ方

内くるぶしの間にケトルベルを置き、全身で持ち上げる

下ろし方

全身を使ってゆっくりと下ろす。腕の力だけで下ろすと腰を痛めてしまう

重さを振ることによる危険性を十分に認識する

ケトルベルトレーニングは正しいギアを選び、最低限の注意を払い、正しい動作で行うことで危険やケガは劇的に減らせます。ここでは注意してもらいたいポイントを紹介します。

■やばいと思ったらケトルベルを下ろす

動作がきつくなったり、周囲に人が来たなどの危険を感じた場合には、安全にケトルベルを下ろし、必要に応じて場所を移動しましょう。「危険かもしれない」という状況把握をし、安全な行動を取ることが大切ですし、「危険かもしれない」と感じながらトレーニングを行っても、正しく効率的な動きはできません。

■正しい姿勢で上げ下げ

ケトルベルを持ち上げる時も、床に置くときも、正しい姿勢で行います。軽い重量でできないことは、重量が増え

安心できるメーカーのものを使う

メーカーによっては、ハンドルと球体を溶接しているだけの作りで、衝撃を受けた際に破損する恐れがある商品もあります。また塗装が剥げたり、サビやすい商品もあります。動作中に破損すると非常に危険ですので、価格の安さよりも、安心できるメーカーでの購入をお勧めします。

お薦めするメーカーの例

伊藤鉉鋳工所
唯一の国産メーカー。指導者が企画・製造しているので非常に使いやすくおすすめ

ケトルベル魂
競技者が販売しており、比較的使いやすい

IVANKO
比較的扱いやすい。24kg以下はハンドルが細め

安全のためのチェックポイント

- **不安があれば事前に医師の診断を受ける**
- **床は斜面ではなく平坦かを確認する**
- **床は滑らないか？　濡れていないか？**
- **周辺にぶつかったり、つまずく物はないか**
- **ケトルベルを落としても問題ないか**
- **周囲に人はいないか**

るとさらにできません。

■重量よりも質を優先する

常に量よりも質を優先します。回数を優先するのではなく、正しいフォームやスピード、筋肉の緊張を最優先にし、疲労困憊になるまでは行いません。スピードが落ちた場合は、休憩する必要もありますし、動作のエラーを起こさないようにしましょう。

■長時間の休憩はしない

激しいトレーニングの後は、長時間の休憩を挟まずに「歩く」「軽いジャンプ」などの軽い運動を行います。心拍数を上げた後に、通常まで下げ、再び上げるという行為は、循環器系へ大きな負担をかけてしまいます。

■トレーニング直後に背中を丸めない

トレーニングの直後に、背中を丸めるような行為（座るなど）は、脊柱への負担を高めるため止めてください。一方で背中を反らすストレッチは「痛みがない場合に限り」行ってもOKです。

■負荷を徐々に高める

徐々に負荷を高めます。負荷とは重さや回数、セット数だけでなく、動作の可動域も含みます。筋肉の柔軟性や関節の可動域を向上させつつ、徐々に動作を大きくしましょう。無理な可動域での動作はケガにつながります。

ケトルベルでここが変わった！
ケトルベル経験者のひと声

全身を使う感覚が分かった!?

草野球チームでプレーしています。少し身体の衰えを感じていたため、ケトルベルをはじめました。まだ3ケ月ほどですが、身体の筋肉量が増えた気がします。それから素振りをしているときに、身体がスムーズに動く感覚があります。全身を使う感覚がわかってきたのかなと思っています。

足裏の筋肉痛を初体験!

ママさんバレーボールのプレイヤーです。結構ガチなチームなので、これまでもいろいろなトレーニングをしてきました。ある日知人にケトルベルを勧められてやってみると、人生初の足裏の筋肉痛を体感……。まさに全身運動です。その成果か、ジャンプの動作がスムーズになったり、着地をしたときの衝撃を吸収できている?とおもえるようになりました。

腰が痛くなりにくい身体になった!?

そこまで運動はしていないのですが、腰痛持ちでヘルニアと診断されていました。これまでは日常生活の何気ない動きで腰に痛みが走ったのですが、徐々にその頻度が減り、趣味の登山後も腰が痛くなることが減りました。不思議ですがケトルベルの効果と思って毎週振るようにしています。

PART 2

身体の後ろ側を効果的に鍛える

―ケトルベルスイング―

背面を強化する

スイングとは？

両手スイングの動き

遠心力を負荷にして、ケトルベルを振り上げたり、振り下ろしたりする

スイングはケトルベルの代表的な動き

スイングは、ケトルベルの特徴である両手で1個のケトルベルを持つ「両手スイング」と片手でケトルベルを持つ「片手スイング」があります。いずれのスイングも「極め」の状態を素早く作ることで、動作のスピードを可能な限り速くします。そしてスイングで生まれた衝撃を、全身へ波及させます。

このスイングですが、見様見真似で行ってしまうと振り下げる衝撃で腰を痛めたり、姿勢が悪くて首を痛めたりすることもあります。せっかくはじめるケトルベルトレーニングですから、身体を痛めることなく安全に、そして確実に効果を得られるように、じっくりと正しい動きを作っていきましょう。

スイングの土台を作る

①ヒンジ

股関節の動きを引き出す基本動作を覚える

②デッドリフト

スイングの身体の使い方を覚えられる

スイングの前に行う 2つの種目

先ほど紹介したように、見様見真似でスイングをすることはリスクがあります。そこで本書では、安全にかつ確実にスイングが行えるように、スイングをはじめる前に「ヒップヒンジ（以下ヒンジ）」と「デッドリフト」という2つの種目を練習します。

ヒンジは、股関節のパワフルな動きを引き出すために重要な動きです。股関節は多くの筋肉に支えられており、人体で最も力強い動作を行え、スイングでも重要な役割を果たします。

デッドリフトは、スイングとほぼ同じ身体の使い方になり、フォーム改善としても有効なトレーニングになります。スイングに入る前に、正しい動きをつかみましょう。

「ヒンジ」と「デッドリフト」で正しいフォームと身体の動かし方を覚えたら、いよいよスイングです。経験者の方も自分のフォームや正しい動きを確認するために、ヒンジ、デッドリフトの順番で行ってみてください。また事前の練習としてだけでなく、ウォーミングアップやトレーニング種目に加えるなど、継続的に行うことでフォームをさらに強化できます。

ケトルベルスイングの動作を深く知る

ヒンジとスクワットの違い

1 上体の角度

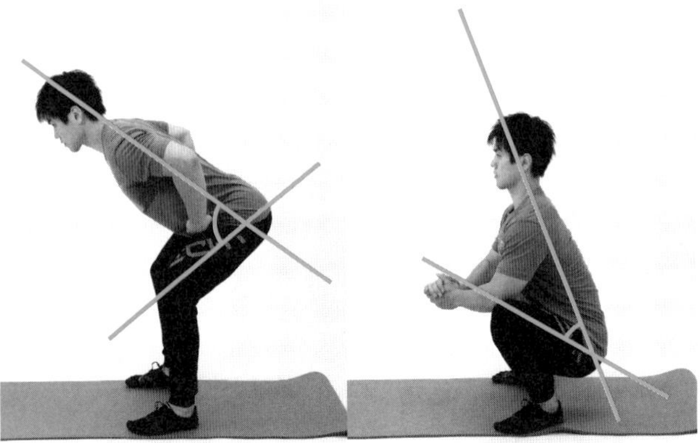

フルスクワットのように上体が起き上がっていると後面の筋肉は働きにくく、大腿四頭筋（大腿部前面）の活性度が高まります

ヒンジとスクワットの違いとは

ケトルベルで用いるヒンジの動きとスクワットは、同じように見えるかもしれませんが、動作に明確な違いがあります。

とくに異なるのは、①上体の角度、②スネの角度、③ケトルベルの位置と底面の向きの3点です。

①の場合ですが、上体の傾きが大きいほど下背部やハムストリングスなど、背面の筋肉への負荷が高まります。逆に上体の傾斜角度が浅いと大腿四頭筋（大腿部前面）の活性度が高まります。正しい姿勢と腹圧を作らなければ、上体を深く曲げるヒンジでは腰を痛めやすく、ヒザを大きく曲げるスクワットでは、ヒザを痛めやすくなります（1）。

②ヒンジ動作では、スネをほぼ垂直に維持させ、股関節のみの動きを集中して行います。スクワットでは股関節だ

2 スネの角度

ヒンジでは、股関節の動きを中心に行いますので、ヒザはほとんど動きません

3 ケトルベルの位置と底面の向き

底面の向きで力の方向は、「ヒンジ：前方」「スクワット：上方」と考察できます

けでなく、ヒザや足首の動きも必要になることが写真でわかると思います。ヒザや足首にトラブルがある方は、特にヒンジ動作から始めることをお勧めします（2）。

③の位置と向きですが、底面の向きと力を発揮する方向は反対方向と考えられるので、「ヒンジは前方」「スクワットは上方」と考察できます。ケトルベルのように遠心力を扱うトレーニングでは、多くのスポーツで必要になる前方への力発揮もできます（3）。

背面を強化する

ハンドルの握り方

ケトルベルをすると手のひらにマメができたり、痛みを感じてしまうことがあります。適切なハンドルの握り位置を作ることで、手のひらの疲労が大きく改善される可能性がありますので、ここで紹介する握り方を実践してみてください。

スイング種目での握り方

ケトルベルを深く握ると手のひらへの負担が増えてしまいます。深い握りをせず、手のひらと指の境目あたりで握りましょう。

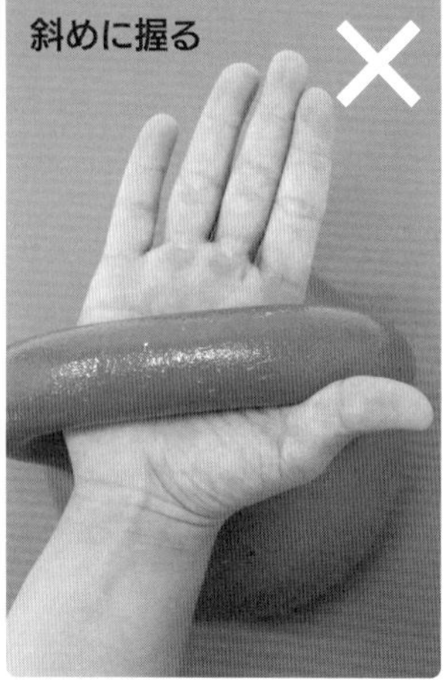

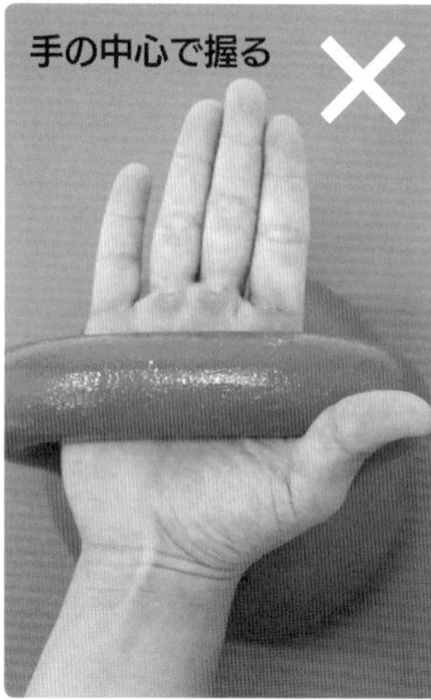

これらのような深い握り方をしてしまうと、手のひらの肉や角質が厚くなった部分を挟む形になってしまいます。すると手のひらにかかる負担を増やしてしまうため、ケトルベルスイングの反復を妨げる要因になりかねません。

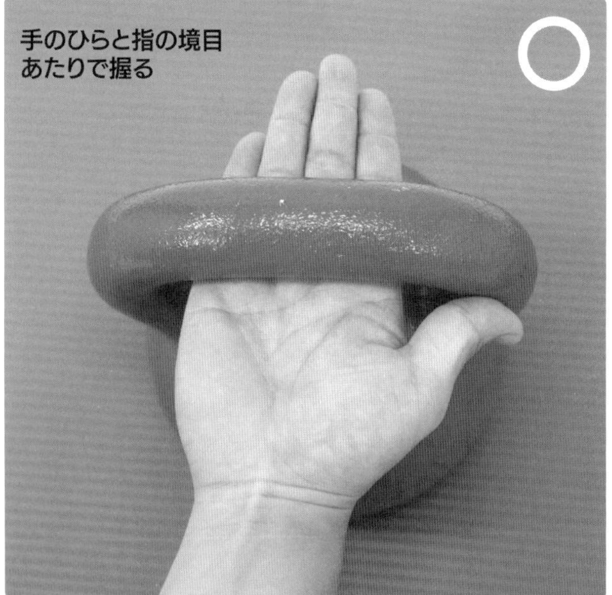

手のひらと指の境目あたりで握ることで、手のひらとケトルベルの摩擦を抑えて、手のひらの負担を軽減できます。この握り方をすることでマメが破れるなどのトラブルを避けられるため、ぜひとも取り入れてください

スイング種目以外での握り方

ケトルベルを胸元や頭上で保持した際の握り方を2つ紹介します。スイングと違って手首を立てる必要がありますので、実施する種目によって使い分けてください。

持ち方1 ハンドルを斜めにする

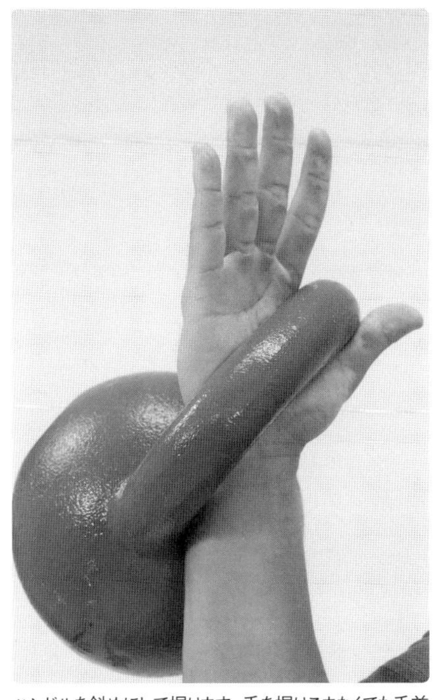

ハンドルを斜めにして握ります。手を握りこまなくても手首を立てることができ、ヒジを伸ばした状態が維持しやすくなります。スナッチや各種ストレッチ種目で取り入れやすい方法です

持ち方2 横一文字で握る

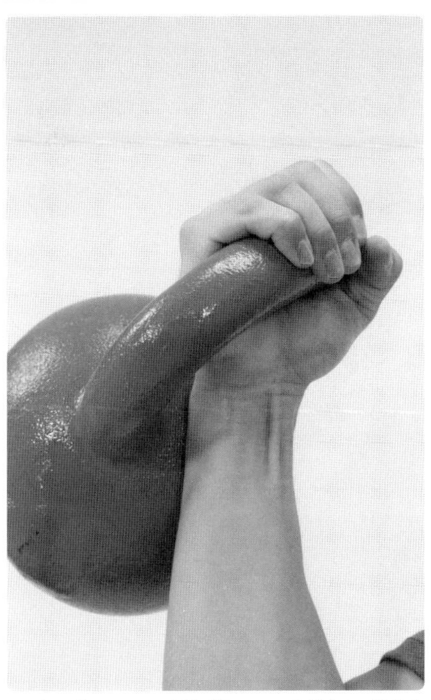

この握り方はハンドルを強く握りこみ、手首を少し返す必要があります。筋肉の緊張を動員して行うプレスや高重量でのゲットアップなどに適しています。

球体の位置を確認

どちらの握り方も手首をまっすぐにした際に、球体が適切なポジションにこない場合は、ハンドルと球体の距離が長すぎる可能性があります。茎状突起と呼ばれる、親指側と小指側にある突起を結んだ線より、指2~3本分離れた位置に球体が落ち着くケトルベルを使いましょう。

背面を強化する

両手スイングの土台を作る①
ヒンジ

下半身にはヒザや股関節、足関節がありますが、股関節周辺にある筋肉の大きさや数を想像すれば、股関節が最も強い動きを行える関節であることが、容易に想像できるでしょう。ヒンジは、この股関節のパワフルな動きを引き出すために重要な動きになります。

1

回数の目安

初心者	5〜10回 ×2〜3セット

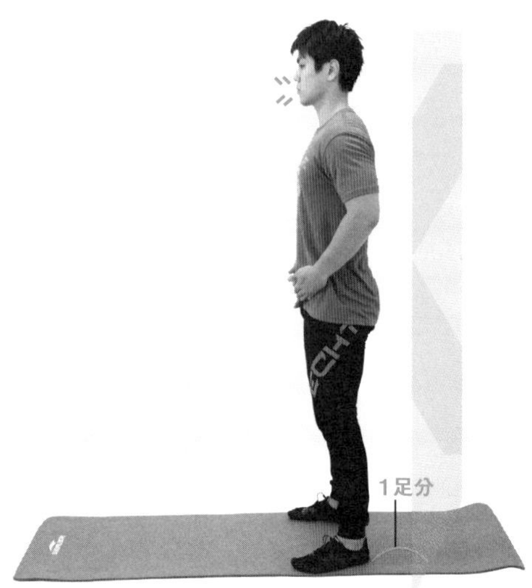

壁から1足分離れて立ちます。脚幅は肩幅より広くし、つま先を少し外に向けます

慣れてきたら壁から1足以上離れて同じように行います

動きのお手本

2

頭は、顎と鎖骨の間にテニスボールを挟んだ位置をイメージします

背骨を長くするイメージを持ち、胸は高く上げ、視線は前方へ

鼠径部にチョップするような形で手のひらを押し当て、手のひらをお腹と太ももで挟み潰すようにお尻を後方へ突き出します

3

お尻が壁に触れたら、力強くお尻を引き締めて立ち上がります。この時にヒザが前後に動かないようにします。まずはこの動きを繰り返しましょう

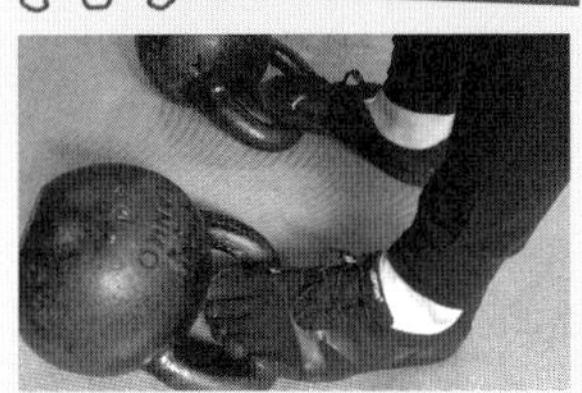

ヒンジ中にヒザが前後に動く

写真のように母趾球の下に物（※）を入れて行います。また靴に原因があるかもしれません。ソール部分が高くクッションが効いた靴はケトルベルには適しません。ソールが硬くフラットな靴を選びましょう。裸足でもOKです。

※厚みのある本やケトルベルのハンドル、バーベルのプレートなど

慣れてきたら LEVEL UP やってみよう

さらにレベルを上げる場合、胸の前に重りを抱いて行います

背面を強化する

ヒンジのよくある失敗と対策

ヒンジ動作自体が上手くできない

原因

腸腰筋が硬く、股関節の可動域を狭めてしまっている

対処法

腸腰筋をストレッチする

改善ストレッチ

お尻を突き上げるとハムストリングスやふくらはぎ、肩周りのストレッチにもなります。できるだけ、かかとが床から離れないようにします。

四つんばいの姿勢になります

お尻を持ち上げます

臀部を引き締めるようにして床に押しつけると腸腰筋がストレッチされます

股関節を床に押しつけ背中を反らせます

左右に体を捻ると、左右それぞれのストレッチ強度を高めることができます

上背部が丸まる、胸が開かない

原因

胸を持ち上げる筋力が低いor柔軟性が低い

対処法

ウォールスクワットをする

ウォールスクワット

壁を使うことで上半身が丸まることを防いだり、胸を開いた姿勢が作りやすくなります。このスクワットでよい上半身の動きを覚えましょう。

腕を広げて親指を上向きにします。つま先を壁から10cmほど離して立ちます

壁に当たらないように深くしゃがみます

壁に当たらないように立ち上がります。慣れてきたら壁との距離をさらに近づけて行いましょう

Kettle Bell Training 06

背面を強化する

両手スイングの土台を作る② デッドリフト

デッドリフトの体の使い方はスイングとほぼ同じで、スイングを正しく行うためにはデッドリフトを完璧にマスターする必要があります。また、ケトルベルを用いたデッドリフトはバーベルを用いたデッドリフトの前段階の種目やウォーミングアップとしても優れています。

回数の目安

初心者	5回×2〜3セット	中上級者	5回×2〜3セット

1 足は肩幅かそれより広くします。つま先は30〜45度外に開き、ケトルベルは内くるぶしの間あたりにくるようにします

2 ヒップヒンジの要領でお尻を突き出し、ケトルベルのハンドルに手を伸ばします

ウォーミングアップとしてのデッドリフト

スイングやバーベルでのデッドリフトをする前に行うことで、正しいヒンジ動作が作りやすくなります。目安の回数は5~10回×2~3セットです

4 ケトルベルを静かに床へ置いてスタートポジションに戻ります。この動作を繰り返します

3 広背筋やハムストリングスを中心とした全身の筋肉に緊張を感じ、大きく息を吸い込んで勢いよく立ち上がります

スクワットとデッドリフトとの違い

スクワットはヒザと股関節が同じような角度で屈曲しますが、デッドリフト（ヒップヒンジ）では、主に股関節の屈曲のみで動作を行います。またスクワットでは股関節だけでなくヒザや足首も大きく動きますが、デッドリフトは股関節の屈曲伸展がメインになるため、背面の筋肉が動員されやすくなります。スクワットではお尻の上下運動、デッドリフトではお尻の前後運動というイメージをすると分かりやすいかと思います。

バーベルを用いた時との違い

ケトルベルの場合、バーベルよりも身体に重りを引き寄せて行えるので、広背筋の収縮が覚えやすくなります

背面を強化する

デッドリフトのよくある失敗と対策①

正しい姿勢でケトルベルに手が届かない

原因

股関節周りの柔軟性が足りない

対処法

ケトルベルを台の上に置く。並行して柔軟性を高める

これで解決！

ケトルベルを台の上に置く

徐々に台の高さを下げ、最終的に床で行います。柔軟性を高めるためには、ヒップヒンジ（36ページ）やケトルベルグッドモーニングなどを継続して行いましょう。

ケトルベルグッドモーニング

1

軽めのケトルベルを後ろで持ち、軽く胸を突き出します

2

ヒザを適度に曲げ、ハムストリングスにストレッチ感のある角度に調整します

ケトルベルをお尻で後ろに押し出すようにお辞儀をします

3

ゆっくりとしたペースで20回を2〜3セット行います

立ち上がるときにヒザを伸ばしきれない

原因

臀部を含めた後ろ側の筋肉不足

対処法

ヒップブリッジで後ろ側の筋力を高める

ヒップブリッジ

寝転がって行うヒップブリッジは、臀部を含めた後ろ側の筋肉に刺激を与え、筋力アップの効果があります。

ヒザを立てて寝転がります

クッションや雑誌などをヒザの間に挟み、カカトで床を力強く踏みます。できれば骨盤を後傾させて行いましょう

カカトを床に強く押し当て、お尻を引き締めて突き上げます

お尻を突き上げたときに臀部を含めた後ろの筋肉に強く緊張を感じる。この動きを繰り返します

立ち上がるときに背中が反ってしまう

原因

腹部の筋力が低いか腹部を使えていない

対処法

ウォールバックプランクで背中を反らさない動きをつかむ

背面を強化する

デッドリフトのよくある失敗と対策②

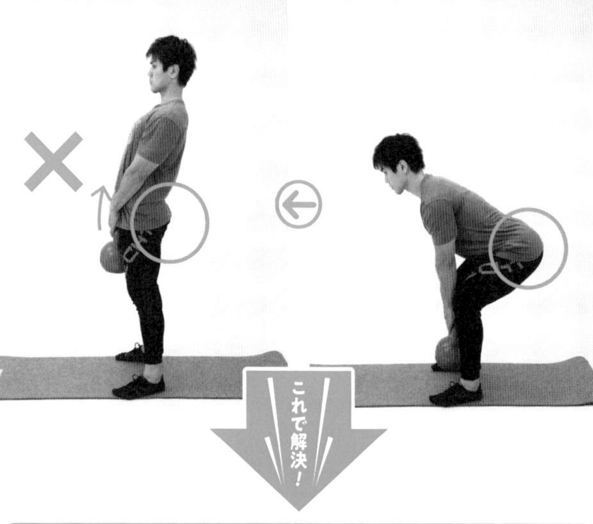

ウォールバックプランク

背中を壁に向けて立つことで、真っ直ぐな姿勢な動きを覚えます。アゴが前に出たり、上背部が緩くて姿勢が崩れてしまうなどのNGにも有効な対処法です。

ケトルベルを持って壁に背を向けて立ち、カカトと臀部、後頭部を壁につけます

ヒザが内側に入ってしまう

原因

股関節周辺の筋肉が硬い

対処法

ケトルベルを使ったゴブレットスクワットで動きをつかむ。フロッグで柔軟性を高める

手ぶらスクワット&フロッグ

2つの動きでお尻をはじめとする股関節周りの使い方を覚えながら、筋力アップと柔軟性の向上をします。

四つんばいになって脚を開きます。その状態からお尻を前後に動かします

肩幅よりも脚を広げ、つま先を30度ほど外側に向けます。ヒジがヒザの内側に当たるようにスクワットをします

Kettle Bell Training 09

背面を強化する

両手ケトルベルスイングのお手本

ヒップヒンジやデッドリフトで身につけた正しい動きを使って、両手でのケトルベルスイングに挑戦しましょう。ここではまず、全体の動作イメージをつかんでください。また動きのチェックポイントをまとめていますので、動作イメージと合わせて読むことで、正しい両手スイングを行ってください。

動きの流れ

セットアップポジション（スイングの準備をする）

ケトルベルはつま先から1足分前に置く。つま先とケトルベルが三角形を描くようにする

足を肩幅程度か少し広めにし、つま先を外へ向けます

ハンドルをへし折るように握り、ヒジを後ろに向ける。広背筋を収縮させ、重心を後方に乗せる

ケトルベルの底面を浮かせて身体のほうに引き寄せます

トップポジション

腕はなるべくリラックスさせます

直立に近い状態で振り下げます。この段階でお尻が引けないようにします

回数の目安

初心者	5〜10回 ×2〜5セット
中上級者	5〜50回×2〜5セット／30秒〜1分×2〜5セット

動きのお手本

ハイク（後ろへケトルベルを振り下ろす）

勢いよく鼻から息を吸い込み、腹筋をさらに締めながらケトルベルを後ろへ振り下ろします

ヒップエクステンション（臀部を前方へ突き出す）

ケトルベルが1番高い位置に上がる前にお尻を引き締め終える

4

股関節を突き出し、臀部を力強く引き締めます

バックスイング

7 この辺りでお尻を突き出します。股関節で衝撃を受け止められ、次の振り上げに活かせます

8 7からお尻を勢いよく後方へ突き出します。スネの角度をほぼ垂直に維持し、その姿勢のままゆっくりとケトルベルを置きます

☑ 動きのチェックポイント

ボトムポジション

- ☑ 背中は自然なアーチを維持する
- ☑ アゴは過度に上げない
- ☑ カカト、母趾球、小趾球は常に床と接地させる
- ☑ つま先とヒザの向きは、常に同じ方向

バックスイング

- ☑ ハンドルは常にヒザよりも上
- ☑ 腕は常にまっすぐに伸ばす
- ☑ ヒザの前後運動を用いない

トップポジション

- ☑ 身体を一直線にする
- ☑ 力強い呼吸を正しく行う
- ☑ 腹筋と臀部を力強く引き締める
- ☑ ケトルベルが一瞬浮く（止まる）

※それぞれのポイントは48ページから紹介します

Kettle Bell Training 10

背面を強化する

両手ケトルベルスイングのポイント

両手スイングで十分な効果を得るために、そして不用意なケガをしないために、行ってもらいたい動きのポイントをまとめました。うまくできないときの対処法は50ページからまとめています。正しいフォームと動きを初期の段階からしっかりと身につけましょう。

セットアップポジション

背中は自然なアーチを維持する

ヒンジ動作では、股関節を中心に臀部やハムストリングスなどの筋肉が収縮し、上体を持ち上げる動きで力を発揮します。この際に上体がまっすぐでないと股関節での支点が働かず、臀部やハムストリングスの力も効率よく使えませんし、下背部への負担が増えてしまいます。

首は少し伸展させるか自然なポジションを維持する

ヒンジの際にアゴを上げ、直立した時にアゴを引く方がいます(※チキンネック)。背骨は首(頸椎)から腰の下まで連結しているため、首を動かすことで姿勢が崩れてしまいます。また、動作中に頭を持ち上げることで、頸椎に過度な圧迫力を加えてしまいます。

※チキンネック：アゴの動きが、にわとりが歩く時の動きと似ていることからこう呼ばれています。

カカト、母趾球、小趾球は常に床と接地させる

スイングでは、ケトルベルの前後移動に合わせて多少の重心移動が発生します。動作の安定性を保つために足の裏全体を常に接地させ、床を強く踏みしめます。

つま先とヒザの向きは、常に同じ方向

ヒザの安定性は非常に重要です。本来、ヒザは曲げ伸ばし以外の動きは不得意ですが、つま先とヒザの方向が異なると、ヒザに対して捻るような力が発生します。するとヒザだけでなく、股関節や足に不要な負荷をかけてしまいます。

バックスイング

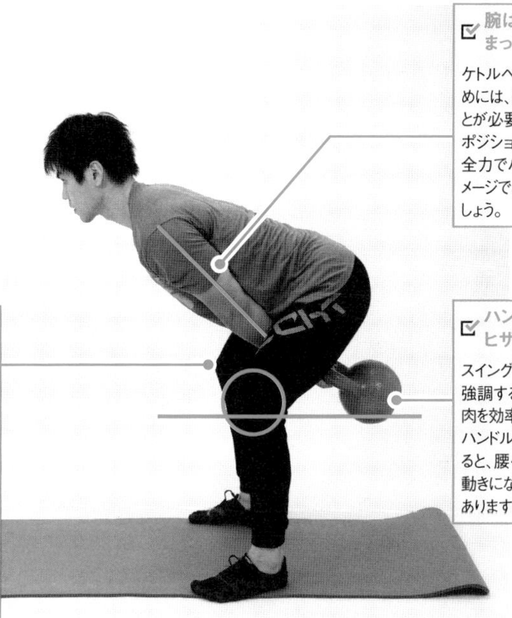

腕は常にまっすぐに伸ばす

ケトルベルへ力を伝えるためには、腕を伸ばしておくことが必要です。フィニッシュポジションではみぞおちへ全力でパンチするようなイメージで、しっかりと伸ばしましょう。

ヒザの前後運動を用いない

ヒンジは主に股関節の動きでヒザを前後に動かすことで、股関節への負荷を分散できます。これは重心移動によって、ケトルベルとバランスをとっている状態とも言えます。ケトルベルではヒンジを反復して動作できることがメリットですから、重心の前後移動を使うメリットはあまりないかもしれません。

ハンドルは常にヒザよりも上

スイングでは前後の動きを強調することで、背面の筋肉を効率よく鍛えられます。ハンドルがヒザよりも低くなると、腰への負担が大きい動きになっている可能性があります。

トップポジション

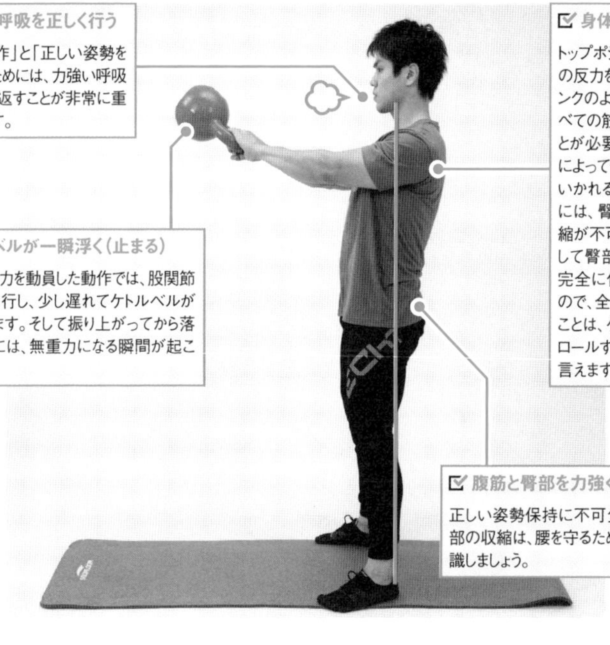

力強い呼吸を正しく行う

「力強い動作」と「正しい姿勢を維持する」ためには、力強い呼吸を正しく繰り返すことが非常に重要になります。

ケトルベルが一瞬浮く（止まる）

下半身の筋力を動員した動作では、股関節の伸展が先行し、少し遅れてケトルベルが振り上がります。そして振り上がってから落下するまでには、無重力になる瞬間が起こります。

身体を一直線にする

トップポジションでは床からの反力をもらうために、プランクのように全身のほぼすべての筋肉を収縮させることが必要です。ケトルベルによって体が前方へ持っていかれることに耐えるためには、臀部と広背筋の収縮が不可欠になります。そして臀部の収縮はヒザが完全に伸びる動作を伴うので、全身を一直線にすることは、ケトルベルをコントロールするためには必然と言えます。

腹筋と臀部を力強く引き締める

正しい姿勢保持に不可欠です。腹筋と臀部の収縮は、腰を守るためにもしっかりと意識しましょう。

背面を強化する

両手ケトルベルスイングのよくある失敗と対策①

ダウンスイングで早くお尻を引く（腰が丸まりやすい）

原因

ヒンジのタイミングが早すぎる

対処法

前に台を置き、ヒザよりも高くケトルベルを移動させる意識を高めます。

これで解決！

ボックススイング

お尻を引くのが早いと、背中で衝撃を受け止めてしまうので、動きの効率がよくありません。また腰を痛める原因にもなってしまいます。

1 ヒザの前に、ヒザと同じ高さの台などを置きます。

2 台に当たらないように、スイングを10回×2～3セットほど繰り返します。

腕を使って上げてしまう

原因

下半身が上手く使えていない

対処法

タオルを正しい軌道で動かすことで動作を修正する

タオルスイング

タオルを使ったスイングを行うことで、大胸筋が発達し過ぎていたり、ハンドルが狭くてスイングがやりづらいときの代用もできます

1 タオルを半分に折り、ハンドルをまたぐように通します。安全を考慮して丈夫なものを選びます

2 タオルとケトルベルが一直線になるように行います。この動きを10分×2～3セットほど繰り返しましょう

背面を強化する

両手ケトルベルスイングのよくある失敗と対策②

スイングの際にヒザが大きく前後に動く

原因

カカトに重心が上手く乗っていなかったり、ヒザの動きに頼っていることが大きな原因

対処法

ケトルベルのハンドルを踏んだり、タオルを使ったスイングで、全力でお尻を引き締める意識を高める

ヒザが動く

これで解決！

カカトへの重心移動がうまく行えなかったり、お尻の力をうまく使えていないと、ヒザが前後に動いてしまい、力を分散させるフォームになってしまいます。重心や安定した動作の感覚をつかむために、次の2つを行いましょう

ハンドルを踏んでスイング

ケトルベルのハンドルや厚めの雑誌などをつま先で踏んでスイングをします

前に台を置いてスイング

ヒザの前に、ヒザと同じ高さの台などを置きます。

腰が痛くなってしまう

原因

左のチェックリストのいずれかが原因であることが多い

対処法

40ページのデッドリフトを反復することで改善される場合が多い(※)

※医師の診断を受け、ケトルベルを実施しても問題ないことを確認してください

- ハムストリングスや臀部の柔軟性が低い
- ヒンジ動作が上手くできていない
- 呼吸が上手くできていない(腹圧が弱い)
- 下背部の筋力がそもそも弱い
- 上半身を過剰に使ってしまっている
- 下半身の力が使えず腰を過剰に反らしている

など

腰に痛みが生じる場合は、いくつかの原因が考えられます(上のチェックリスト参照)。医師の診断を受けていて、ケトルベルの実施に問題がなければ、「正しいフォームができていない」「正しいフォームで行うための筋力や柔軟性が十分でない」といった原因であることが多いため、デッドリフトを反復しましょう

ケトルベルグッドモーニングで柔軟性アップ

ケトルベルグッドモーニング(207ページ)でハムストリングスや臀部の柔軟性を高めることも有効です

デッドリフトを反復する

正しい動きで繰り返します

背面を強化する

両手ケトルベルスイングのよくある失敗と対策③

これまで紹介してきた以外にも、よく見られる失敗や動きの悩みがあるでしょう。少しでもその解決になるように、ここでは先に挙げた4つの代表例以外の失敗や悩みと解決法を紹介します。

NG

振り下ろしたときに足首がつらい

おそらく、振り下ろしたときにスネの骨が前傾することで、足首の関節（距腿関節）に背屈強制の力が急激に加わったことが原因だと考えられます。ヒザを大きく動かさないスイングができていない場合は、スクワットのようなヒザを曲げ伸ばしする動きをしている可能性があります。その場合には、次のような改善方向を試してみましょう。

これで解決！

- 裸足やソールが固くフラットな靴にする
- ヒンジの練習をする
- ケトルベルを軽くしてみる
- ケトルベルを前後に動かす意識を強くもつ

ケトルベルが重くなると上下の運動やヒザの前後運動をしやすくなり、ヒンジ動作が弱くなりがちです。自分に合った重さを使うことで、正しいヒンジ動作がやりやすくなります

NG

スイング中、体が後ろにぐらつく

振り上げる意識が強いと、後ろにぐらつくことがあります。基本的には前傾姿勢からプランクの状態を瞬時に作ることを心がけましょう。そのためには次のことを試してください。

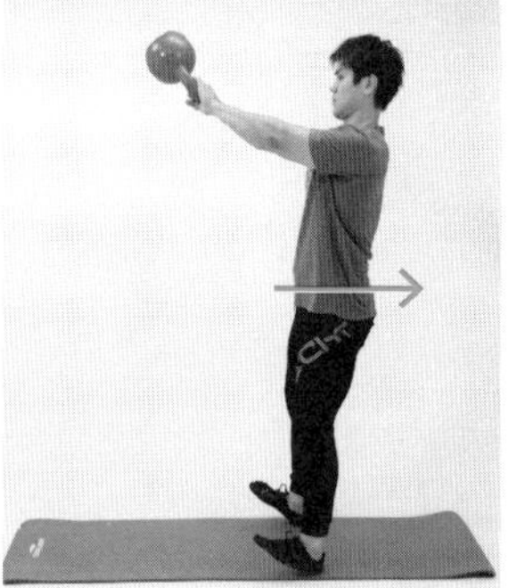

これで解決！

- 靴の見直し
- ウォールバックプランクの実施
- 床をしっかりと踏み込む意識を持つ

NG

ヒザの曲げ具合や前傾の度合がわからない

身体の前傾は、胸が股関節よりも少し高いくらいにします。お尻をできるだけ後ろへ突き出し、ヒザは前ではなく外に押し出します。ヒザを押し出すことで臀部や内腿の筋肉を動員でき、パワフルな動きができるようになります。

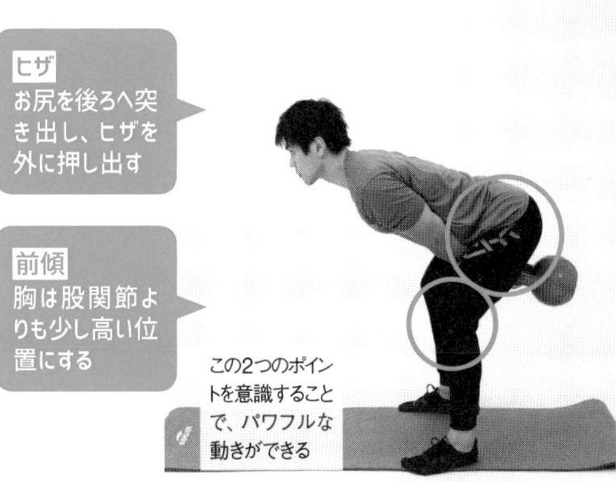

NG

上半身と下半身がバラバラになる

上半身を使い過ぎてしまったり、下半身が上手に使えないなどの場合に生じやすくなります。この場合は51ページで紹介した「タオルを使ったスイング」をすることで、全身を連動して使えるようになっていきます。

NG

スイングごとに安定感が変わってしまう

筋肉が持つゴムのような弾性作用は、衝撃が大きいほど大きな力を発揮します。そのため1回目ではSSCの恩恵を受けにくいため、振り上げづらくなります。2回目以降は、胸から落ちる衝撃を利用してSSCが働くので振り上げやすくなります。

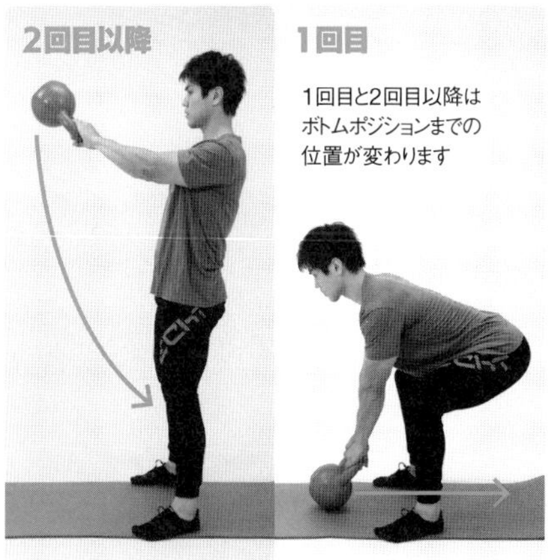

背面を強化する

バリエーション①
片手スイングのお手本

片手スイングは、片手でケトルベルをスイングします。両手スイングと比べて、捻るような力が働くため、特に上半身への負荷が増します。体を傾けると楽に行えますが、ここでは体幹をしっかりと使った、負荷の高いやり方を紹介してきます。

動きの流れ

セットアップポジション（スイングの準備をする）

1

ヒンジのポジションでハンドルを握ります。ヒジを体のほうに向け、広背筋を収縮させて肩をパッキングします。手のひらはハの字になります

バックスイング

体を一直線に保ったまま、親指で後方へ指さすように回旋させていきます

トップポジション

手のひらがハの字を描くようにします。肩が前方へ引かれて体を捻らないようにします

回数の目安

初心者	5~10回 ×2~3セット
中上級者	5~25回×2~5セット／30秒×2~5セット

ハイク（後ろへケトルベルを振り下ろす）

ケトルベルを持っていない手を後ろへ振りかぶると、振り上げる勢いを高められる

2

親指を後方へ向けるように肩を回旋させながら振りかぶります。姿勢を崩さないように注意します

ヒップエクステンション（臀部を前方へ突き出す）

3

勢いよく尻を引き締めます。後方へ振りかぶったほうと反対の手を前方へ振ります

6

ケトルベルの勢いに負けて、体を捻らないように体幹を維持します

フィニッシュ

7

まっすぐな姿勢を維持したまま、ゆっくりとケトルベルを置きます

片手スイングで強化できるアンチローテーション

アンチローテーション(anti rotation)とは、体幹における抗回旋能力を指し、体に捻れるような力が加わった際に耐える能力のことです。コアトレーニングの一種になります。ケトルベルを片手で持つことで、左右不均衡の負荷がかかるため、バランスを保とうとして、体に捻れが加わります。このときにケトルベルを制御することでアンチローテーションとしての機能が働き、体幹が安定することで、安全に効率よく力を発揮しやすくなります。

また、ケトルベルスイング自体にも抗屈曲の力（背骨が丸まるのに抗する力）が加わわるため、回旋と屈曲に抗する体幹の力を鍛えることにつながります。

Kettle Bell Training 15

背面を強化する

片手スイングのポイント

肩（指）の捻りに気をつける

○

下向きで振り下ろした結果、親指が後ろ向き

振り上げで肩が回旋すると親指が斜め上を向く

×

上向きで振り下ろした結果、親指が下向き

振り上げで肩が回旋しないと親指が上を向く

肩回りの筋肉を安定させて動くためには、親指のが写真のように方向を変えるようにします

親指の方向を意識する

親指の方向を変えることで、動作を効率化できたり、肩やヒジの安全性が高まります。

片手スイングでは親指を下向きにして振り下ろすことで、肩の外旋筋群をストレッチできます。外旋筋群の作用は、肩を安定して動かす場合に、とても重要な要素です。

例えば親指を上向きにして振り下ろしてしまうと、①ヒジに過伸展の力が加わる、②上腕を使いやすくなり、ヒジに対してのエラーが発生しやすくなってしまいます。

つまりケトルベルを後方に振り下ろすときは親指で身体の後ろを指すようにし、前に振り上げるときは手のひらをハの字にし、肩を回旋させることが望ましい動きになります。

ケトルベルを持っていない腕をどうするか

片手スイングでケトルベル

フリーハンドが大きく動く

フリーハンドの振りが大きいと、上体を捻ってしまい、崩れた姿勢での動作になります。本来使うはずの体幹の多くの筋肉への刺激が逃げてしまいます

振り降ろすときに手を太ももに置く

振り降ろしで太ももにフリーハンドを置くと、スイングにブレーキがかかってしまいます

フリーハンドの使い方

ハンドルをタップする

ケトルベルを振り上げたときにハンドルをタップするようにフリーハンドを添えます

胸部をガードする

フリーハンドは常に胸の前に置いて、スイングを行います

背中でキープ

フリーハンドは手の甲を背中に当てるようにしてキープし、スイングを行います

横でキープ

フリーハンドは身体の真横に突き出すようにし、スイングを行います

を持っていない手（フリーハンド）の動きですが、動作に影響がないようにも思う方もいるでしょう。しかしながら、フリーハンドの動きを意識することで、動作の改善ができたり、ケガの予防になることがあります。

目安となるのは、両手スイングのように両手の高さと並びを左右均等にすることです。この姿勢が現れることはよい片手スイングができた証拠であり、アンチローテーションや肩のパッキングを達成できたという1つの目安になります。

背面を強化する

バリエーション②
ダブルケトルベルスイング

ケトルベルを2つ使ったスイングです。パワーアップに適した種目で、2つのケトルベルを制御して行いますので、広背筋やグリップへの負担も高まります。足幅が狭いと、ケトルベルをヒザにぶつけるなどのケガにつながりますので十分に注意してください。

動きの流れ

セットアップポジション（スイングの準備をする）

1

ヒンジのポジションでハンドルを握ります。ハンドルはハの字になるよう握り、広背筋を引き締めて肩を下げます

バックスイング

5

素早くヒンジ動作を行います。親指を後方へ向けつつ、衝撃を受け止める準備をします

トップポジション

身体は後方へ傾くが、傾きが大きすぎる場合は重量を下げたい

4

手のひらがハの字を描くように肩を回旋させます。力強く鼻から息を吸い込み、振り下ろしの衝撃に備えます

回数の目安

初心者	5~10回 ×2~3セット
中上級者	5~10回 ×2~5セット

ハイク（後ろへケトルベルを振り下ろす）

バランスを取ろうとして身体が前に突っ込みやすくなる。身体が大きく動く場合は、重量が重すぎる可能性がある

勢いよく後方へ体重を移動させ、ケトルベルを後方へ投げます。親指を後方へ向けて逆ハの字にします

ヒップエクステンション（臀部を前方へ突き出す）

力強く尻を引き締め、素早く身体を一直線にします

ヒザが大きく動く場合は重量を下げる

ヒザが大きく前に動かないようにしながら衝撃を受け止めます

フィニッシュ

7

姿勢を保ったままケトルベルを静かに置きます

ケトルベルの重量オーバーに注意

ケトルベルの重量には注意が必要です。高重量が後方へ移動するため、バランスを取ろうとして体が前方へ突っ込むことが多いのですが、大きく体が動いてしまう場合は重量が重すぎる可能性があります。

32kg以上の重さでは、足幅を大きくとる必要があるため無理に大きな重さを扱う必要はありません。

Kettle Bell Training 17

背面を強化する

トレーニング前後の手のひらケア

ハンドルの握りとグッズで皮のめくれを防ぐ

スイングやスナッチなどのバリスティック種目は、手のひらとハンドルの間で摩擦が生じます。手のひらに摩擦が加わり続けると皮膚が肥厚し、痛みに耐えられるようになっていきますが、ケアを怠ってしまうと肥厚した皮膚にハンドルが挟まり、皮膚がめくれてしまいます。

皮膚がめくれてしまうと、精神的にも衛生的にもトレーニングを続けられなくなりますので、めくれないようにする工夫が必要です。

そのためにやりたいことは、①ハンドルを握る位置の確認と修正、②グッズで手のひらの負担を減らすという2つです。

まずは上の写真のようにハンドルの握り方を確認し、手のひらへの負担が少ない握り方をしましょう。

ハンドルの握り方をチェック

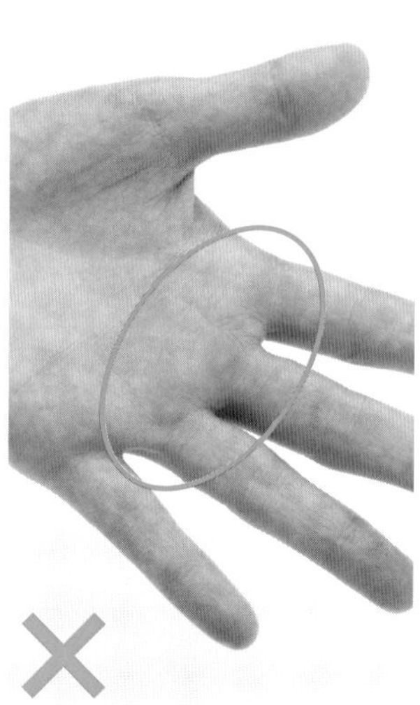

ハンドルを正しく握らないとマメができたり、皮がめくれてしまいます

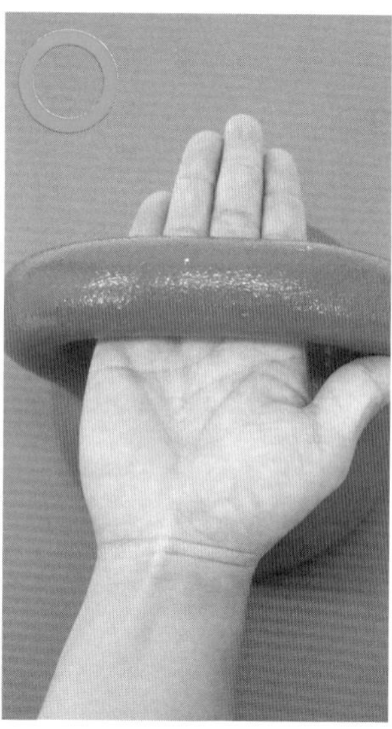

手のひらと指の間を中心にして握ると巻き込みがなく、手のひらへの負担が少なくなります

おすすめのケアグッズ

布手袋

多少ハンドルが滑りやすいのですが、軍手の厚みと合わせて前腕への負担を高められます。軍手が手元にない場合には、不要な靴下をカットすることで代用できます。ただしすっぽ抜けたりしないように、指の部分を切って使います。

ハンドクリーム

日常的にトレーニングをしている方には、体脂肪率が低く乾燥肌であるケースが多いと感じます。また滑り止め（炭酸マグネシウムなど）によって手のひらが乾燥しやすいため、手荒れを防ぐ目的でもハンドクリームでケアをしておきましょう。

角質削り

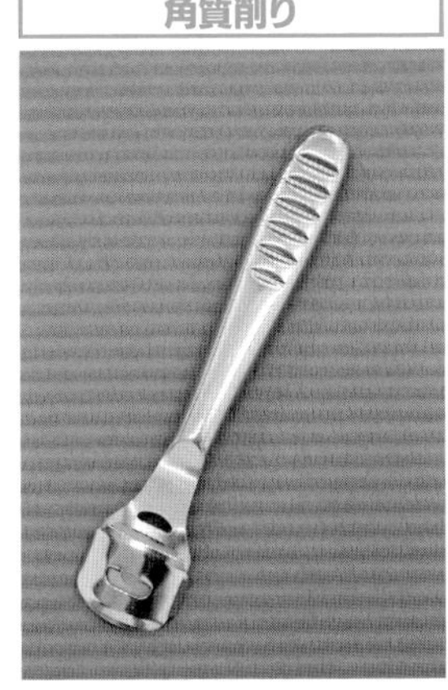

かなりおすすめです。私は以前、爪切りやカッターで削っていた時期がありますが、深く削り過ぎてトレーニングで支障が出ることがありました。皆さんはこんなマネはしないでくださいね。

手のひらケアのおすすめグッズ

手のひらの負担をなくすためのグッズをご紹介します。

①角質削り

肥厚した皮膚を削れます。過剰な皮膚だけ削り取れるので、非常に快適にトレーニングを行えます。

②ハンドクリーム

肥厚した皮膚を放置していくとどんどん硬くなり、巻き込んだときに引っかかりやすくなります。ハンドクリームで保湿しておくことで、皮膚を柔らかく保てます。塗布してからビニール手袋をするとさらに効果が高まります。

③布手袋（レザーグローブを除く）

指の部分を切り取って使用します。手のひらの保護として取り入れやすい器具です。

なお、手のひらの保護にテーピングを使う方がいますが、ハンドルに粘着部分が残ることがあるので、個人的にはお勧めしません。

ケトルベルでここが変わった！
ケトルベル経験者のひと声

もっと強くなれる!

相撲とレスリングをしています。琴奨菊関がケトルベルを取り入れていることを知り、私もやってみることにしました。はじめは全身が筋肉痛になりましたが、徐々に地に脚をつけるような感覚が強くなり、今では俗にいう「脚に根が生えている」ということを実感しています。

スーパーでびっくりされた

私は比較的小柄な体型だと思いますが、先日スーパーでお米を買ったときのことです。片手で5kgの米袋をひょいと脇に抱えている自分がいました。周りの方が少しびっくりされていたので、どうしてだろう?と思っていたら、子どもから「ママ、力持ち」と言われ。健康維持と思ってはじめたケトルベルですが、こんなところで効果を感じられて嬉しい気持ちになりました。

仕事がはかどる?

コロナ禍でそれまで通っていたトレーニングジムを止めました。けれども「身体を動かさないと」と思って見つけたのがケトルベルです。自宅でも扱いやすいことが目的だったのですが、ふと思ったのは仕事でのパフォーマンスが上がっていること。仕事に集中できる時間が増えたり、座る姿勢がよくなったからか、肩や首のコリが減っています。

PART 3

身体の連動性を効果的に高める

—トルコ式ゲットアップ・ウィンドミル・ベントプレス—

Kettle Bell Training 01

連動性を高める

トルコ式ゲットアップとは

トルコ式ゲットアップの動き

寝転がった姿勢からスタートし立ち上がる。立ち上がったらスタートの姿勢に戻ります

バランス能力や連動性 体重移動なども鍛えられる

トルコ式ゲットアップ（以下ゲットアップ）は、全身の柔軟性や筋力を高められ、肩や体幹を含む全身を鍛えることができる種目です。

ローリング、ニーリング、スタンディング、リーチングなどの機能的な動作が組み込まれているため、肩の安定性や柔軟性の向上、腹部を中心とした体幹の高い筋緊張を養うことができます。その他にも、大きく動作を行うことで前庭系（※）の発達も含めたバランス能力の向上や、全身の連動性、体重移動感覚など多くの能力を発達させることができる非常に優れた種目になります。

仰向けの姿勢から、最終的にケトルベルを頭上に持ち上げた状態で立ち上がり、また仰向けに戻るという一連の動作を行います。

※内耳にあり重力と直線加速度を司る感覚器官のこと

ポイントとなる動き「肩のパッキング」

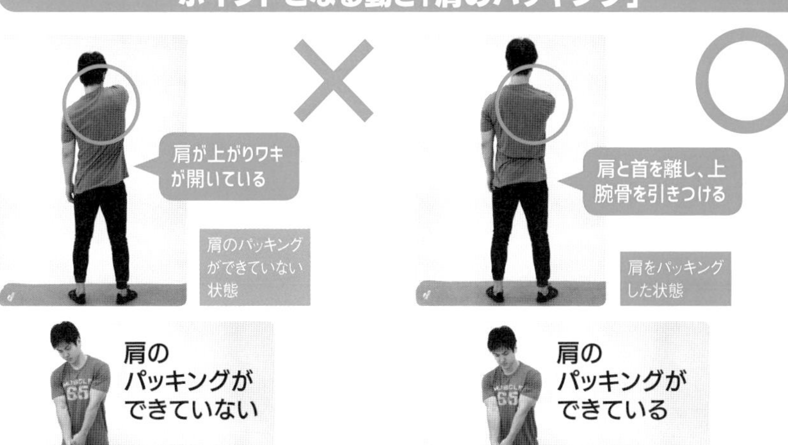

下の写真のように全身が一直線になった感覚をつかみましょう。感覚がつかめたら立った状態で確認します

1セットの回数は5回までに収める

ゲットアップは1回あたりの実施時間が長いので、とても強度が高い種目になります。例えばスクワットやデッドリフトなどの高重量を使うような種目では、1回の動作が6秒前後です。それに対してゲットアップでは、寝転がった姿勢（スタートポジション）から立ち上がり、再びスタートポジションに戻るまで20～50秒ほどかかります。この実施時間中は常に肩と体幹への緊張を伴いますので、非常に強度の高い種目であることが想像できるでしょう。

またこの種目は長い時間筋肉を緊張させるため、回数を多く行った場合には姿勢が崩れやすくなります。そのため回数は多くても5回が限度で、この回数を超えることはおすすめしません。左右交互に1回ずつ行うか、多くても片側連続で5回までにしましょう。

なお1つひとつの動作の間に呼吸をはさんで体幹を安定させることで、より体幹が安定しやすく、正しい姿勢を作りやすくなります。これは頭上にケトルベルを上げるスナッチやプレスなどの姿勢改善にもつながります。

Kettle Bell Training 02

連動性を高める

トルコ式ゲットアップの動き①

ここではまずトルコ式ゲットアップの全体の流れをつかんでください。全体がイメージできたら72ページからの動きのポイントを踏まえたうえで、実践していきましょう。

動きの流れ

1 セットポジション

ケトルベルを左側に置いて仰向けになり、ケトルベルを両手で握ります

2 プレス

ケトルベルを両手で持って上向きになり、ヒジを伸ばしてケトルベルを押し上げます

5 レッグスウィープ

右脚を引き、ヒザが右手を向くようにします。ヒンジ動作をしながら左の股関節へ重心を移動させます

6 ランジポジション

股関節を伸展させながら体を起こします

回数の目安

初心者	左右交互に1回ずつ×2〜5セット
中上級者	左右交互に1〜5回×2〜5セット／1回あたり1〜3分×2〜5セット

プレス（起き上がる準備）

ハーフゲットアップの完成

3: 右腕と右脚を開き、左ヒザを立てます

4: 右ヒジで地面を押して上体を起こします。左ヒジを完全に伸ばします

ランジポジション（ハーフニーリング）

ランジポジションを取ります

スタンディングポジション

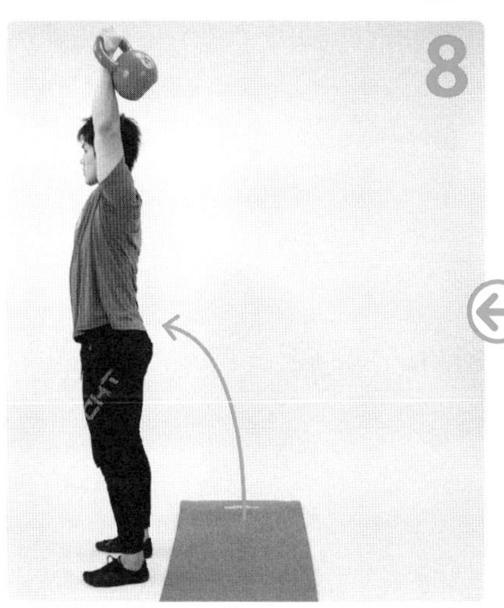

左脚に体重を移動させて立ち上がります。ここまで行った動作を戻り、ケトルベルを地面に置きます

70ページに続く

トルコ式ゲットアップの動き②

立ち上がったら、これまでの動きをなぞってスタートポジションに戻ります。はじめる前に動きの流れを理解しておきましょう。

動きの流れ②

スタンディングポジション

1

68ページの流れで立ち上がった状態

ランジポジション

2

フリーハンド(右手)のほうの脚を1歩引く

レッグスウィーブ

5

後ろ側の左脚を前に伸ばす

トールシットポジション

6

地面にお尻をつける

ランジポジション（ハーフニーリング）

ケトルベルを持っているほうへ90度回転する

レッグスウィーブ

フリーハンドを床につける

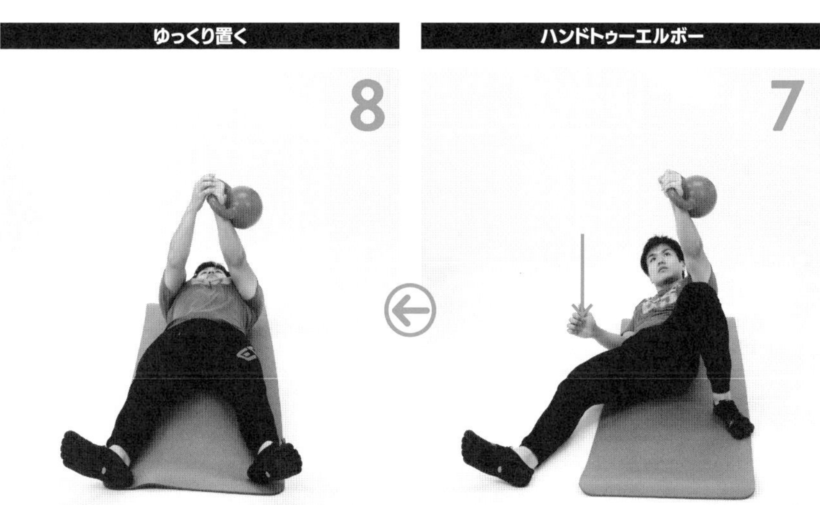

ハンドトゥーエルボー

右ヒジをつき地面に背中をつける

ゆっくり置く

両手でケトルベルを保持してから68ページのスタートポジションに戻る

Kettle Bell Training 04

連動性を高める

トルコ式ゲットアップのお手本①

全体の流れを理解したところで、ハーフゲットアップまでの動きを行います。ケトルベルを押し上げてヒジを伸ばす動作は、肩の安全で強力なパフォーマンスに非常に重要なので、しっかりとマスターしましょう。

動きの流れ

セットアップポジション

1

ケトルベルが持ち上げる側の肋骨の横(写真では左)にくるように寝転がります

トールシットポジション

4

右腕を45～60°に開き、右脚は右腕と平行になるように開きます。左ヒザを立てて45～60°に開きます

5

左脚で地面を押すようにして踏ん張り、右ヒジに体重を乗せながら地面を押して上体を起こします

プレス

2

ケトルベルを両手で保持したまま、上向きになります

ケトルベルを注視する。ハーフニーリングポジションまではケトルベルを注視し続ける。重量が軽ければ片手でもよい

広背筋と腹部に収縮を感じる

3

ケトルベルを上に押し上げ、ヒジをしっかりと伸ばします。ハンドルをしっかりと握り、手首を立てます

ハーフゲットアップの完成

手のひらは小指側に回すように地面をとらえ、軽く胸を突き出す意識を持つ

6

右ヒジを伸ばします。右手は体から遠すぎず近すぎず、最も肩が安定しやすい場所に置きます

動きのチェックポイント

写真5の動き

起き上がる際、伸ばした右脚が持ち上がる場合

➡広背筋の収縮が弱かったり、腹部の筋力が弱い可能性がある

➡移動を行う前に力強く鼻から息を吸い、広背筋と腹部へ力を入れて動作を行う

写真6の動き

左ヒザが内側へ倒れたり、右脚を伸ばせず曲がってしまう場合

➡股関節の柔軟性が足りない可能性がある

●首を左右に数回回旋させ、首が脱力し肩が引き下がっているかを確認する。スムーズに行えない場合は、肩がすくんでいる可能性がある

Kettle Bell Training 05

連動性を高める

トルコ式ゲットアップのお手本②

ここからはハーフゲットアップから先の動きのポイントを説明します。全体の流れをつかみながら、1つひとつの動作のポイントを踏まえて実施してください。

動きの流れ

ブリッジ

1

お尻を床から持ち上げます。写真のようにお尻を突き上げても構いません。股関節前面や肩周辺の安定性や柔軟に効果的です

ランジポジション(ハーフニーリング)

4

前を見るようにし、股関節を伸展させながら上半身を起こします

5

左ヒザの向きを変えてランジポジションを取ります

ヒンジ

両ヒジを完全に伸ばしておく。ここではまだケトルベルを注視しておく

体を湾曲(側屈)させず、真っすぐな状態を維持する

3

ヒンジ動作を伴いながら、右手から右の股関節へと重心を移動させます

右手に重心がある状態を維持する

2

右脚を後ろへ引き、右ヒザが右手のほうを向く角度でヒザをつきます

○○○○○○○○○○○○○○

☑ 動きのチェックポイント

写真2の動き

理想は両ヒザの向きが直角関係、右のふくらはぎ(下腿骨)のライン上に、右腕と大腿骨、胴体で長方形を描く姿勢を取ります

➡右ヒザと右手の距離が狭かったり遠かったりすると、安定性面や動作面で影響がでます

上のポジションを取ることで、右股関節のヒンジ動作を行えます

➡手とヒザが直線上にない場合は、捻りを伴った動作になってしまいます。正しい場所を把握しましょう

写真6の動き

腹部や臀部、大腿部が収縮し、一直線を描いているか再度確認します

ゲットアップ(往路)の完成

左脚に体重を移動させて立ち上がります。いったん静止したら、スタートポジションまで戻ります

連動性を高める

トルコ式ゲットアップのポイント

トルコ式ゲットアップで十分な効果を得るために、そして不用意なケガをしないために、行ってもらいたい動きのポイントをまとめました。正しいフォームと動きをしっかりと身につけましょう。

手首は真っすぐ

ケトルベルを保持する手首は真っすぐに

ダンベルやバーベルではできない、ケトルベル特有の動きになります。前腕の前面の収縮で手首を少し返し、まっすぐにします。肩の安定性を保つために不可欠な動作です。

両手で扱う

ケトルベルの上げ下げは両手で

ケガを防ぐために不可欠な要素です。高重量を扱うことを想定して動作に取り組みましょう。また両手で行うことで体力消費を抑えられます。

肩を引き下げる

ケトルベルを保持する肩は引き下げる

肩のパッキング動作です。上腕骨を体幹に引き寄せることで肩の安定性を促し、体幹との連結を強化します。トルコ式ゲットアップは、この動きの基本が覚えられます。

ヒジを伸ばす

ケトルベルを保持するヒジは完全に伸展させる

下肢と体幹の力を伝えるためには、ヒジを伸ばす動きが必要です。ヒジが曲がると、ケトルベルの位置が定まらなくなります。

反対の肩をすくませない

保持していないほうの肩はすくませない

トルコ式ゲットアップでは、ケトルベルを持っていないほうの肩にもトレーニング効果が見込めます。正しい姿勢を保って動作を行うためには、両肩のパッキングが必要不可欠です。

ケトルベルを持つ腕は垂直

ケトルベルを保持している腕は（ほぼ）垂直に維持する

重力は常に垂直方向へ働いています。前腕の後ろでケトルベルを保持すため、腕を後方へ引っ張る力が働きますが、肩を負担の少ない自然なポジションに維持することに役立ちます。動作を通して腕を可能な限り垂直に保ちますが、この動作を行えないままだと高重量でのゲットアップを行うことは難しいでしょう。

動作ごとに止まって呼吸を入れる

動作ごとに静止して力強く呼吸

正しい姿勢を保持しながら力強い動きをするためには、動作ごとに一度静止し、力強い呼吸とともに次の動作に移りましょう。

よい姿勢でヒザを伸ばす

立位ではヒザを伸ばし下背部は反らせない

床からの反発力をもらって動作を行うためには正しい姿勢が必要です。ヒザを曲げたり、下背部を反らせることのないように、臀部と腹部、大腿部を引き締めて、体をまっすぐな状態を作りましょう。

連動性を高める

トルコ式ゲットアップのよくある失敗と対策①

肩のパッキングがわからない

原因

基本的な動作が理解できていない

対処法

次の2つの動作でショルダーパッキングの状態を作る練習をし、肩のパッキングの感覚をつかむ

肩が上がる

ワキが開く

これで解決！

肩甲骨を内転させて下げる

肩のパッキングは、肩甲骨をやや内転させて下げた状態を維持することです。広背筋などを使って上腕骨を体幹に引きつけることで、下肢で発生させた力を上肢へ伝えられます。

ケトルベルを後ろで持ち、肩甲骨をお尻に近づけるように引き下げます

肩と耳を引き離すようにして、肩を引き下げます

一連の動作がスムーズにできない

原因	対処法
動きの流れが理解できていない	ケトルベルを持たずに動作の流れを繰り返す

何も持たずに動きを覚える

まず何も持たずにゲットアップ動作を反復します。慣れてきたら拳に靴やペットボトルを乗せますが、ヒジが曲がったり、肩がすくんだりしてモノを落とさないようにします。

動作を覚えたら、補助についてもらいケトルベルを持って実施します

トルコ式ゲットアップのよくある失敗と対策②

重量が重くて動きが続かない

原因

体幹部の筋力不足なことが多い

対処法

ハーフゲットアップを繰り返し、体幹部を強化する

ハーフゲットアップを繰り返す

体幹部の筋力を鍛えるために、ハーフゲットアップを繰り返します。ハーフゲットアップは両肩とコアを鍛えるのに適した種目です。

72ページの動作を反復します

起き上がるときに反対側の足が浮く

原因

開始位置が不適切、肩のパッキングが緩いなど

対処法

下の3つの要素を見直す。それでも浮く場合は肩のパッキングを練習する

動作を見直す

①足や腕を広げる角度を見直す、②地面を踏みしめやすい位置を確認する、③ヒジに動作を移すときのポジション確認をしましょう。

足や腕を広げる角度や踏みしめやすい位置を見直します

半身になってハンドルを持ちます。反対側のつま先でケトルベルを力強く踏みます

右ヒジを伸ばします。ここまでの動きを繰り返します

Kettle Bell Training 09

連動性を高める

クリーンとは

クリーンの動き

片手スイングの要領でケトルベルを振り上げます。動作中に上腕を体に引きつけることでケトルベルの軌道を垂直に近づけ、胸元でキャッチします

下半身やコアを強化できる

クリーンは、スイングの延長といえる種目です。一見簡単そうに見えますが、筋肉の緊張と脱力をうまく活用する必要があるため、少し難易度が高い種目になります。もちろんその分、クリーン単体で行っても筋肉の発達やコンディショニングに素晴らしい効果があります。上腕を体に引きつけて行うため、上背部にエキセントリックな刺激が加わります。そのため、スイングよりも上半身の筋肉の動員が高くなります。さらにキャッチした際の衝撃を体幹で力強く受け止める必要があるので、体幹の強化も期待できます。

クリーンというとバーベルを使った種目をイメージされる方もいるでしょうが、ケトルベルのクリーンはテクニックが大きく異なります。バーベルを使ったクリーンは垂直

ポイントとなる動き「ラックポジション」

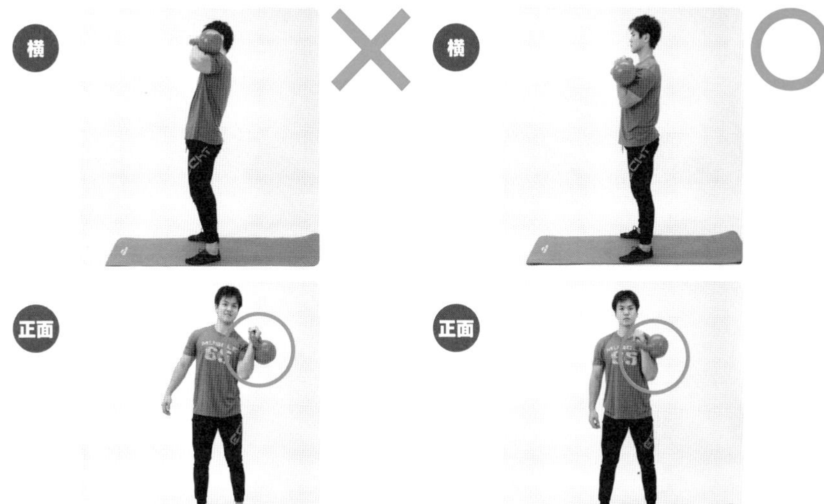

手首を曲げたり、ヒジが内側に入りすぎたりするとケガの原因になります。ヒジを外に押し出して肩にケトルベルを乗せると、広背筋や体幹を効率よく使えないため望ましくありません

腕のつけ根(三角筋前部)から胸のあたりにケトルベルがある状態です。手首を曲げず、ヒジは身体の横につけるようにします

方向への力を使いますが、ケトルベルではスイングのように股の間を一度通してから持ち上げます。スイングを入れることで前方向への力を高められ、そのうえで胸元まで持ち上げます。

もう1つバーベルのクリーンとの違いですが、バーベルではキャッチの際に手首への負担が高くなります。けれどもケトルベルを使ったクリーンではその心配はなく、関節に負担をかけずにできます。

ラックポジションからはじめる種目も出てくる

クリーンは、ラックポジションから行うプレスやスクワットの中継動作としても活用されます。ラックポジションとは、基本姿勢を取り、腕のつけ根（三角筋前部）から胸のあたりにケトルベルがある状態を指します。ラックポジションでは手首を曲げず、ヒジは身体の横につけるようにしましょう。

クリーンを適切に行うことで、プレスやスクワットも効率よく行うことができますので、この段階でしっかりと動きをマスターしておきましょう。

連動性を高める

クリーンの動き

ここではまずクリーンの全体の流れをつかんでください。全体がイメージできたら90ページからの動きのポイントを踏まえたうえで、実践していきましょう。

動きの流れ

セットポジション

1

肩幅に足を広げてハンドルを握ります。

ハイク

2

後ろへケトルベルを放るように投げます

ラックポジション

6

ケトルベルを胸元に保持してフィニッシュ

7

ケトルベルを前方へ押し出します

回数の目安

初心者	左右5～10回 ×2～3セット	中上級者	左右5～20回×2～5セット ／30秒～1分×2～5セット

ハンドインサーション	コークスクリュー	ヒップエクステンション

ケトルベルがヒジよりも高くなったら前腕をハンドル内へスライドさせ、前腕で球体を迎えにいきます

ヒジを中心とした軌道で振り上がります

上腕を肋骨に引きつけながら振り上げます

ケトルベルを置く	ヒンジ	

ケトルベルを静かに地面に置きます

勢いよくヒンジ動作を行います

ケトルベルを後方へ動かします

Kettle Bell Training 11

連動性を高める

クリーンのお手本①

全体の流れを理解したところで、クリーンの前半の動きを細かく解説します。特にスイングと同じような動きが出てきますが、身体の使い方が異なるため、この点に注意しましょう。

動きの流れ

横

セットポジション

セットポジション

1 肩幅に足を広げてヒンジの姿勢を作り、ハンドルを握ります。

2 後ろへケトルベルを放るように投げ(ハイク)、振り上げに備えます

上腕を肋骨に引きつけるとケトルベルが前ではなく上へと移動する。多少ヒジが前後してもOK

ヒジの高さが変わらないことが重要。またスイングでは肩を支点に弧を描くが、クリーンではヒジが支点になる

動作中、特に上腕や前腕に力が入りすぎているとうまく迎えにいけず、ケトルベルで前腕を強打してしまう

ヒップエクステンション

ハンドインサーション

3

ここからの動きはスイングと異なります。上腕を肋骨に引きつけながら振り上げます

4

ヒジを中心とした軌道で振り上がります。後ろ向きだった親指が上向きになるように動かします

5

ケトルベルがヒジよりも高くなったら前腕をハンドル内へスライドさせ、前腕で球体を迎えにいきます

クリーンのお手本②

Kettle Bell Training 12

連動性を高める

クリーンの後半の動きを解説します。特にケトルベルを胸元に保持する「ラックポジション」はこの後に紹介する種目でも重要になるため、ここでしっかりと理解をし、実践できるようにしておきましょう。

動きの流れ

横

ラックポジションでは、腹部と臀部、大腿部を力強く収縮させ、広背筋の収縮でケトルベルを体に引き寄せる。ハンドルがアゴより下にくる状態を維持する

セットポジション

正面

1

ケトルベルを胸元に保持してフィニッシュです。親指か手のひらを自分の方向へ向けます

2

ケトルベルを前方へ押し出します。上腕は体へ引きつけたまま脇を開かないようにします

背中を丸めたり、反対側の手を大腿部に置かないようする

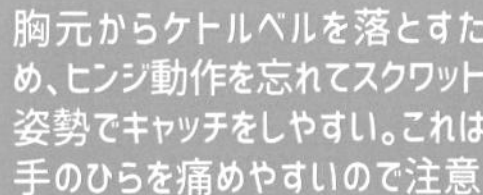
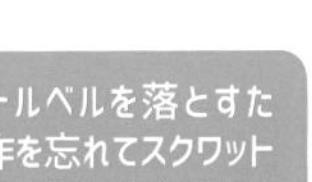

ケトルベルを置く

ヒンジ

3

上腕、前腕、ケトルベルが一直線になるまでは力まず、重力に逆らわないようにケトルベルを落とします

4

勢いよくヒンジ動作を行います

5

ケトルベルを静かに地面に置きます

Kettle Bell Training 13

連動性を高める

クリーンのポイント

クリーンで十分な効果を得るために、そして不用意なケガをしないために、行ってもらいたい動きのポイントをまとめました。正しいフォームと動きをしっかりと身につけましょう。

正しいラックポジションを作る

☑ 肩を引き下げ、手首は自然な状態

広背筋を使って肩を引き下げることで、体幹との連結を高めることができます。また手首を自然な位置に保つことで、無駄な力を使わずにケトルベルを持てます。

☑ 前腕の動き

前腕は垂直かほぼ垂直な状態を維持します。ヒジは骨盤の上に位置するようにしましょう

☑ ヒジの引き寄せ

ラックポジションは、ヒジと体幹が密着します。ヒジを体幹に引き寄せておくことで、広背筋と腹部の収縮を促せます。

はじめは連続で行わない

☑ ケトルベルと前腕を衝撃がない状態で密着させる

痛みが出ると次の動作に悪影響を及ぼします。まずは痛みなくクリーンを行えるように練習します。両手を使って、痛みがないようラックポジションを作るのもいいでしょう

最短距離を移動

ケトルベルは最短距離を移動させる

ケトルベルの軌跡が大きくなるほど、キャッチをするときの前腕の衝撃が大きくなってしまいます。ケトルベルはできるだけ最短距離を移動するようにします

女性は胸に注意

ケトルベルで胸を圧迫しない

ケガ予防という観点から胸を守るために、胸や腕にケトルベルが当たらないように持ちます

キャッチがうまくいかない

原因
持ち上げることを意識して腕を過剰に使ったり、ケトルベルの軌道が大きすぎる

対処法
次の4つステップでキャッチの練習をする

連動性を高める

クリーンのよくある失敗と対策①

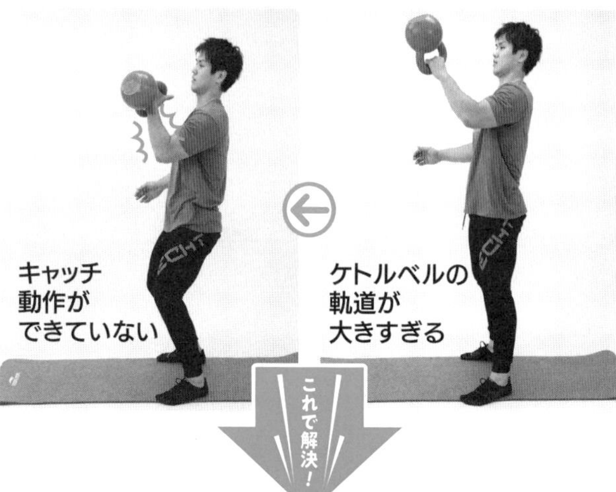

STEP 1 ラックポジションの確認

両手を使って、ケトルベルをラックポジションへ移動させます。ケトルベルの保持する場所と姿勢を確認しましょう。

ポジションの確認後スイングの要領で下に落とし、ヒンジを使って衝撃を受け止めます

まずは正しいラックポジションが取れているかを確認します

STEP 2 前後の動きを省いて練習

続いて「ハンドインサーション」と呼ばれるハンドルの中に前腕を滑り込ませていくテクニックを学びましょう。

ケトルベルが両くるぶしの間に置いて立ちます

地面を踏み蹴ってラックポジションにケトルベルを引き上げます

上腕を体幹に引き寄せ続け、ハンドルを強く握らないことに注意し、へその高さあたりでショートアッパーをするようにします

STEP 3 前方への動きを加えて練習

ステップ2の動きができたら、前後の動きを加えて練習をしましょう。ケトルベルを前に振り上げすぎないように注意してください。

ケトルベルをカカトよりも少し後ろに置きます

前方向に力を使ってケトルベルを振り上げます

STEP 4 スイングとクリーンを交互に行う

これはスイングとクリーンの動きを関連づけることに役立ちます。ハンドインサーションができていると、前腕への負担がなく行えます。

スイングとクリーンを交互に行います

正しいラックポジションを維持できない

原因

臀部や大腿部、腹部、広背筋などを力強く収縮させられず、姿勢を維持できない

対処法

ハードスタイルプランクで筋力の収縮をレベルアップさせる

連動性を高める

クリーンのよくある失敗と対策②

筋を収縮できない

これで解決！

ハードスタイルプランクを行う

下の7つのポイントを意識して行うと、全身の筋肉を緊張させながら、正しく力強い直立姿勢が作れます。またこの姿勢は、ラックポジションだけでなく、スイングのトップポジションなどでも同じです。

7つのポイントを意識して
ハードスタイルプランクの姿勢を取ります

7つのポイント

①ヒジは肩幅にし、肩を耳から引き離すように広背筋を収縮させる

②カカトを合わせる

③ヒザのお皿を引き上げるように大腿前面に力を込め、ヒザを伸ばす

④臀部と腹部に力を入れて体幹をまっすぐ維持する

⑤頭を軽く持ち上げて胸を突き出す

⑥拳を力強く握る

⑦力強く呼吸をする

動作が大きくなってしまう

原因

ケトルベルを遠くへ投げたり、腕で引こうとしてしまう

対処法

動作もケトルベルの軌道もコンパクトに収める

壁を使ったドリルで動きをコンパクト化

壁の正面に立ってクリーンを行います。壁に当たらないようにクリーンの動きをすることで、ヒジを体幹に引き寄せたコンパクトな動作を覚えられます。ストレッチポールやカーテンでも代用できます。

ケトルベルを持ったほうを壁側にし、腕を外旋させて拳が壁に触れる程度に距離を取り、クリーンを行います。慣れてきたら壁との距離を近づけます

壁の正面に立ち、指が触れない程度に距離を取ってクリーンを行います。余裕が出てきたら距離を縮めましょう

バリエーション①
ダブルクリーンのお手本

ダブルクリーンは、ダブルケトルベルスイングが問題なく行える重量で実施しましょう。2つのケトルベルを使うため、強度が高い種目になります。重量の選択を誤るとケガの原因にもなりかねないため、注意が必要です。

動きの流れ

セットポジション

広背筋と腹部に
力を込める

1 肩幅に足を広げて、左右の手でそれぞれハンドルを握ります

ハイク

ハムストリングスと
臀部にストレッチ感を感じる

2 後ろへケトルベルを放るように投げます

ラックポジション

5 ケトルベルを胸元に保持してフィニッシュ

腹部、広背筋、
臀部、大腿四頭筋
に収縮を感じる

6 ケトルベルを前方へ押し出します

回数の目安

初心者 5〜10回 ×2〜3セット

中上級者 5〜20回×2〜5セット ／30秒〜1分×2〜5セット

ヒップエクステンション

上腕を肋骨に引きつけながら振り上げます。ヒジを中心とした軌道で振り上がります

ハンドインサーション

ケトルベルがヒジよりも高くなったら前腕をハンドル内へスライドさせ、前腕で球体を迎えにいきます

ヒンジ

ハムストリングスと臀部に
ストレッチ感を感じる

7

ケトルベルを後方へ動かし、勢いよくヒンジ動作を行います

ケトルベルを置く

ケトルベルを静かに地面に置きます

ダブルクリーンのポイント／NGと対策

4つの持ち方

1 ハンドルに指を立てる

指をハンドルに立てます

2 指を重ねる

両手を重ねてハンドルの
上に乗せます

クリーン種目で有効な持ち方

1 2 3の持ち方はクリーンやスクワットで有効な持ち方ですが、プレス系の種目には適していません。プレス系を行う場合は4のような持ち方をするとよいでしょう。なお女性は持ち方1～3でクリーンを行うと胸を圧迫する姿勢になりますので、4の持ち方をしてください。

ハンドルが近いと姿勢が丸まりやすい

ハンドル同士がぶつかるほど近づけてしまうと、背中が丸まりやすくなります。背中が起きたよい姿勢で行える程度にハンドル同士を離しましょう。

3 手を開く

握らずにケトルベルを手首にかけるようにします

4 ハンドルを離す

両手の間隔を広げて持ちます

Kettle Bell Training 18

連動性を高める

スナッチとは

スナッチの動き

片手スイングの要領で、ケトルベルを頭上まで持ち上げます

瞬発力と心肺機能を同時に向上させる

スナッチもケトルベルの代表的な種目で、ケトルベル競技の一つとしても行われています。クリーンと同様に、前後の動きを取り入れた動作を行うことができ、手幅の制限や手首の負担も少ない状態で行うことが可能です。頭上まで上げるスナッチでは、スイングよりも上半身の筋肉の動員も増えます。

また、頭上からケトルベルを振り下ろす衝撃もスナッチの醍醐味になります。この衝撃は、前腕や体幹に相当な負荷を与えます。このように、瞬発的な動きと、筋肉の動員数や衝撃が高いスナッチでは、心肺機能への負荷も高く、高回数行うことで疲れ知らずの体力を手に入れることができるでしょう。短時間で凄まじいカロリー燃焼が期待できるため、ぜひとも効率のよいフォームを体得しましょう。

ポイントとなる動き「肩のパッキング」

腕の力で振り上げると、軌道が大きくなってしまいます。力を入れすぎたり、軌道が大きすぎると、うまく受け止められなかったり、手首や前腕を痛める危険があります

下半身の力を上手く上半身に連動させ、上背部で引くようにケトルベルを振り上げます。上腕に力を込めないように気をつけます

ただし頭上からケトルベルを落とすため、衝撃もかなり大きくなるので焦らずに練習しましょう。

多くの回数を行うことに適した種目

バーベルで行うスナッチは比較的高重量で、かつ少ない回数で行うことが一般的です。しかしケトルベルを使ったスナッチは、多くの回数を行うことに適しており、先ほどの項目に加えて持久力はもちろん、パワーや柔軟性、精神力も鍛えられます。

ゲットアップのように多角面での刺激は加わりませんが、頭上でケトルベルをキャッチする際に肩周辺に衝撃が波及するため、肩の安定性や柔軟性向上にも適しています。

各団体の体力テストでも用いられており、私の所属するSFGでは24kg×100回を5分以内で行うことがノルマとして課せられます。アメリカのシークレットサービスでは、24kg×200回を10分以内に行うことが、最低限必要になる要素になっています。

なお余談ですが、ケトルベルスナッチはケトルベル競技において「皇帝」と呼ばれています。その理由は各種目の要素が含まれており、基本種目であるスイングよりも全身への影響が高いからです。

連動性を高める

スナッチのお手本

ここではまずスナッチの全体の流れをつかんでください。全体がイメージできたら104ページからの動きのポイントを踏まえたうえで、実践していきましょう。

動きの流れ

セットポジション

クリーンや片手スイングと同じ姿勢を取ります。

ハイク

ケトルベルを握り、後ろへ振り上げます

キャッチ

落下させる

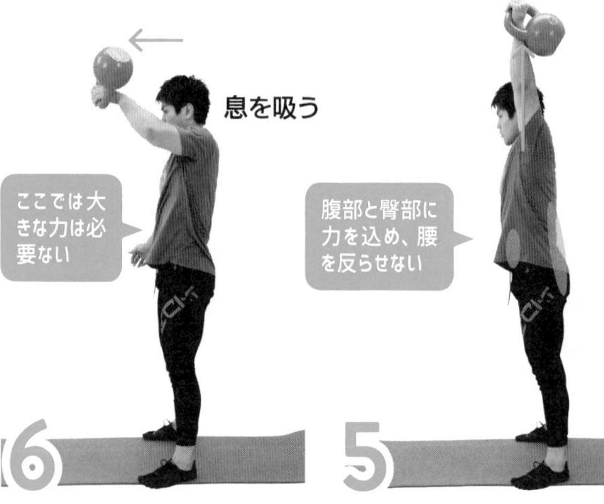

（5）身体を少し前に出してキャッチします。手首を真っすぐにし、上腕を耳の横に置いて身体を一直線にします

（6）ケトルベルを前方に軽く投げるようにして落下させます

回数の目安

初心者	左右5〜10回×2〜3セット	中上級者	左右5〜20回×2〜5セット／30秒〜1分×2〜5セット

振り上げ

曲がっていた腕を空に向け、パンチをするようなイメージでケトルベルをキャッチします

下半身と上背部の力を上手く伝えられると、ケトルベルが振り上がります

ゆっくりと置く

ケトルベルを静かに地面に置きます

ヒンジ

腕とケトルベルが一直線になったタイミングで、ヒンジを用いてケトルベルを後ろへ誘導します

Kettle Bell Training

20

連動性を高める

スナッチのポイント①

スナッチで十分な効果を得るために、そして不用意なケガをしないために、行ってもらいたい動きのポイントをまとめました。正しいフォームと動きをしっかりと身につけましょう。

痛みを生じさせない

前腕とケトルベルは衝撃なく密着させる

スナッチでは頭上でケトルベルをキャッチするため、痛みが生じるような受け止め方をすると姿勢を崩しやすく危険です。できるだけ前腕とケトルベルは、衝撃が起きないように密着させます。また慣れないうちは頭上から落としてしまうことを想定して、落としても問題ない場所で行いましょう。

上腕を耳の横に

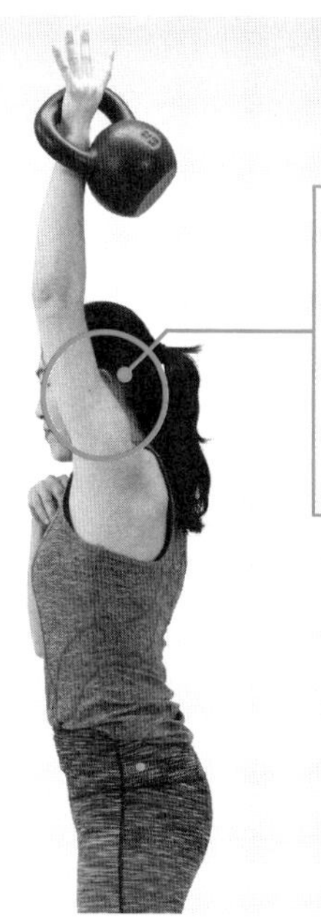

トップポジションでは上腕は耳の横

ケトルベルは地面方向（垂直方向）に力を加えるので、肩を最も安定した位置に置いておくことが重要です。その目安が、上腕を耳の横に置くことです。上腕が耳の隣になかったり、維持できない場合は肩の柔軟性に問題があります。

腰を反らさずに静止

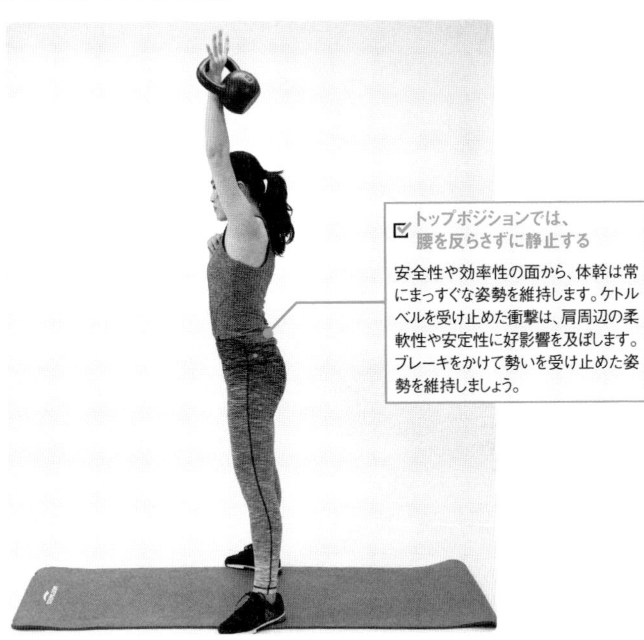

トップポジションでは、腰を反らさずに静止する

安全性や効率性の面から、体幹は常にまっすぐな姿勢を維持します。ケトルベルを受け止めた衝撃は、肩周辺の柔軟性や安定性に好影響を及ぼします。ブレーキをかけて勢いを受け止めた姿勢を維持しましょう。

ヒジと手首を伸ばす

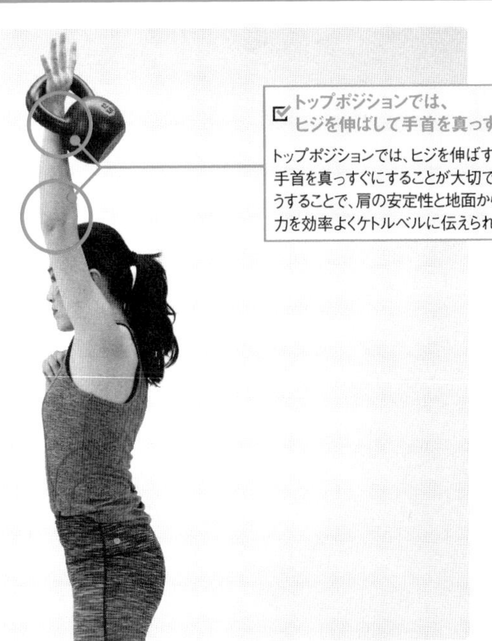

トップポジションでは、ヒジを伸ばして手首を真っすぐに

トップポジションでは、ヒジを伸ばすことと手首を真っすぐにすることが大切です。こうすることで、肩の安定性と地面からの反力を効率よくケトルベルに伝えられます。

Kettle Bell Training 21

連動性を高める

スナッチのポイント②

スナッチでは、ケトルベルの軌道が重要なポイントになります。その軌道を理解するために、著名なケトルベルインストラクターのWoo-chae Yoon氏が発案した「SFG CLOCK(※)」を紹介します。スナッチでは軌道が重要になるため、ここで「SFG CLOCK」を紹介しますが、合わせてスイングとクリーンについても、紹介しておきます。

※スナッチやスイング、クリーンのフォームの角度を、時計の針の角度と関連づけて考えた説明

5-8-1-12 スナッチ

12

9

3

6

☑ 開始姿勢は5時

開始姿勢は常に5時に合わせます。開始姿勢が4時だと肩を引き下げられず、6時では後方への振りが不十分になります。

☑ ハイクは8時

8時までハイクをします。ハムストリングスが柔軟な方(特に女性)は、9時近くまでケトルベルをハイクすることがありますが、ハムストリングスへの過度な伸張と、臀部の動員が少なくなるため、気をつけましょう。

☑ 握り替えは1時

2時から5時の間は特に力は必要なく、ハンドルが手のひらで自由に動きます。1時を目安にハンドインサーションを行います

☑ 12時にスナッチ

12時の時に手根にケトルベルを移動させてスナッチすることで、手のひらの負担が少なくなります。また振り下ろしの際は、振り上げと同じく2時から5時は重力に任せてケトルベルを降ろし、5時のタイミングでハンドルを指のつけ根に移動させることで、手のひらの負担を軽減できます

5-8-3 スイング

☑ 振り上げは3時

5時と8時はスナッチと同じです。振り上げは3時とされていますが、これは目安として捉えてください。スイングポジションは広背筋を使って用いて肩を引き下げるので、ケトルベルを無理に肩まで引き上げてしまうと、広背筋の収縮を弱めてしまうう可能性もあるので、必ず3時きっかりまで引き上げる必要はありません

5-8-9-6 クリーン

☑ 引っ張る方向は9時

5時と8時はスナッチと同じです。スイングで力を発生させ、ヒジを9時方向へ引き、ケトルベルと前腕が一直線になるようにします。最終的にヒジが6時方向へ向いた姿勢を取ります。

連動性を高める

スナッチのよくある失敗と対策①

うまく振り上げられない

原因
正しい動作ができていない

対処法
次の2つステップで理想的な動きを練習する

STEP 1 ハイプルで基本となる軌道を覚える

ハイプルは、オーバーヘッドポジションまでの軌道を覚えることに適した種目です。胸の高さまでコンパクトに振り上げて身体側に引き寄せる動きを繰り返します。

スイングの要領でケトルベルを振り上げ、腕を使って顔の近くまで引き寄せます

STEP 2 少しずつ角度を上にしてスナッチ

ハイプルの動きができたら、「ハンドインサーション」を行います。徐々にケトルベルを振り上げる高さを高くし、スナッチまでもっていきます。

頭上まで上げられたら、1度で行えるかを確認しましょう

徐々に高さを高めて最終的に頭上を目指します

ハイプルの要領で振り上げて前方へパンチします

振り上げと下ろす時のポイント

落下する力に逆らわず、スイングと同様にヒンジ動作をします。この動きを繰り返します

腕を前に伸ばします

胸の高さあたりで軽く後方へエルボーをするようにケトルベルを引き寄せます

連動性を高める

スナッチのよくある失敗と対策②

NG 失敗例2 手にマメができたり、破れてしまう

原因

ハンドルの握り方や動作に問題がある

対処法

ハンドルの握り方や握る場所、動作の確認や効率よい使い方を覚える

ハンドルを深く握っている

これで解決！

動作を見直す

マメができやすかったり、破れてしまう場合は、次の3項目を確認し対処します。①ハンドルを握りすぎない、②ハンドルの握る場所を確認する、③スイングをやりこむ。

スイングを練習し、スムーズなヒンジと下半身の動員を高めましょう

ハンドルの握り方や握る場所を確認しながら行います

腰が痛くなってしまう

原因

ケトルベルが描く弧が大きすぎる

対処法

ケトルベルの軌道をコントロールする

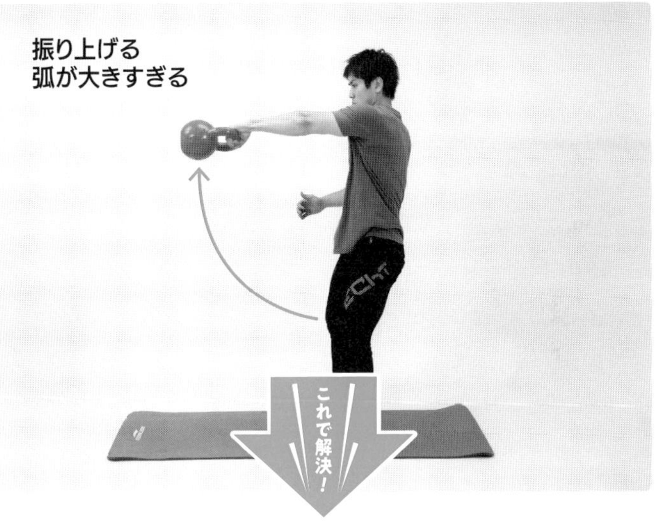

特に振り下ろしに注意

ケトルベルが描く弧が大きくなると、腰への負担が大きくなってしまいます。特に振り下ろしの際には、とても大きな衝撃が発生するため注意が必要です。正しい軌道を理解しましょう。

クリーンと同じように、壁やストレッチポールを用いて軌道を修正していきましょう。

連動性を高める

バリエーション① ダブルスナッチのお手本

ダブルスナッチは、ダブルケトルベルスイングが問題なく行える重量で実施しましょう。2つのケトルベルを使うため、強度が高い種目になります。重量の選択を誤るとケガの原因にもなりかねないため、注意が必要です。

動きの流れ

1 セットポジション

広背筋と腹部に
力を込める

両手にそれぞれケトルベルを持ち、クリーンやスイングと同じ姿勢を取ります

2 ハイク

ハムストリングスと
臀部にストレッチ感を
感じる

ケトルベルを握り、後ろへ振り上げます

5 キャッチ / 6 ラックポジション

5 身体を少し前に出してキャッチします。手首を真っすぐにし、上腕を耳の横に置いて身体を一直線にします

6 頭上から一気に振り下ろすとヒザへの負担が大きくなるので、ラックポジションを経由させます

回数の目安

初心者	1〜5回×2〜3セット	中上級者	1〜20回×2〜5セット／30秒〜1分×2〜5セット

振り上げ

臀部に収縮を感じる

下半身と上背部の力を上手く伝えられると、ケトルベルが振り上がります

曲がっていた腕を空に向け、パンチをするようなイメージでケトルベルをキャッチします

重量の選択が重要

ダブルクリーンと同じですが、スナッチでも重量の選択に注意が必要です。ダブルクリーン(96ページ)やダブルミリタリープレス(126ページ)が問題なく5回行える重量で挑戦してみてください。なおスナッチは頭上に素早く押し上げる種目になるので、万が一落としてしまっても大丈夫な場所で行ってください。

ヒンジ

腕とケトルベルが一直線になったタイミングで、ヒンジを用いてケトルベルを後ろへ誘導します

ハムストリングスと臀部にストレッチ感を感じる

ケトルベルを静かに地面に置きます

ケトルベルでここが変わった！
ケトルベル経験者のひと声

たった10日で

いろいろなトレーニングをしています。毎日32kgのケトルベルで100回のスイングをしています。そうしたら10日ほどで1.5kgも痩せました。食事の制限は一切していません。それどころかこれまで143kgくらいだったデッドリフトが、183kgになったのです。階段を登ったり、ハイキングに出かけても疲れなくなりましたし。たった10日でこの効果！　これからが楽しみです。

全身がバッキバキに

バッキバキといっても、腹筋が割れたとかではありません。はじめてケトルベルを振った時に、「こんなところにも筋肉があったのか？」と思うくらい、全身筋肉痛に襲われました。プロのスキーインストラクターをしていることもあり、そこまでの筋肉痛になるほどなまった身体という自覚はなかったのですが、身体は正直ですね。その後リベンジという気持ちで毎日少しずつ振っています。この成果はスキーシーズンに表れると楽しみにしています。

確実にトルクアップ

自分を車に例えると、最高速度や最大馬力の向上は未検証ですが、確実にトルクが太くなりました。自転車で例えるとペダルを踏み込む力が大きくなったということです。特にスポーツをやっているわけではないのですが、自分の身体が変わっていくことが実感でき、楽しんでいます。

全身の筋力を効果的に鍛える

―ミリタリープレス・スクワット―

Kettle Bell Training 01

全身を強化

ミリタリープレスとは

ミリタリープレスの動き

ラックポジションからヒジが伸びる高さまで、ケトルベルを挙上します

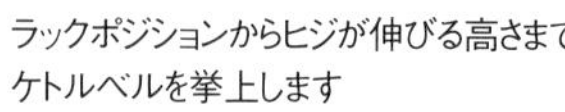

全身の筋肉を緊張させて総動員する

ラックポジションで作った姿勢を維持したまま反動を使わずにケトルベルを頭上に挙げる、ケトルベル種目の中でも力を象徴する代表的な種目です。

立った状態で行うため、地面とケトルベルに大きな距離ができます。そのため、地面からの反力を得ることが必要になり、全身の筋緊張を用いることが重要です。

またベンチプレスで180kgを持ち上げられる猛者でも、はじめてケトルベルでのミリタリープレスに挑戦した際には、24kgを持ち上げるのがやっとだったということもありました。これはつまり筋力だけでなく、テクニックも必要なことを意味しています。上手く全身の筋肉を総動員させるテクニックを習得できれば、力強く安定した動作で行えるのです。

肩甲上腕リズムとは

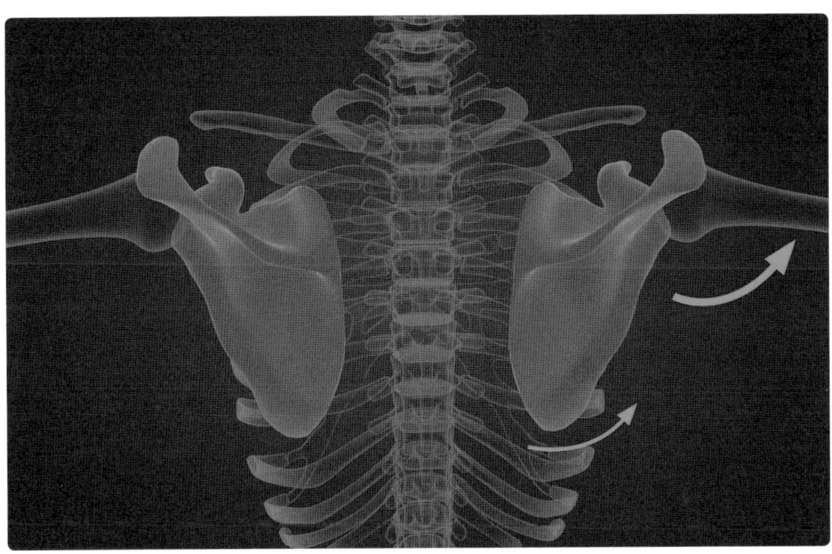

肩甲上腕リズムとは、上腕骨と肩甲骨の動きの比率のことです。その割合は「上腕骨：肩甲骨＝2：1」と報告されて一般的な見解になっていますが、近年はいろいろな研究がなされています。その結果、「下垂位に近いほど上腕骨が動く割合が多くなる」「挙上位になるほど肩甲骨が動く割合が多くなる」ということがわかってきています。

他の器具を使ったミリタリープレスとの違い

ケトルベルを使ったミリタリープレスは、ベンチプレスと比較させることがありますので、少し違いを説明しておきます。ミリタリープレスは先ほども説明したように立って行うため、腹圧を高めやすいのです。またベンチプレスは肩甲骨をベンチに押しつけて固定しますが、ミリタリープレスは、肩の挙上と同時に肩甲骨も動くことになります。この動作は肩をケガしにくく、安定性に富んだ肩の自然な動きを引き出せます。

またケトルベルを使ったミリタリープレスはダンベルやバーベルで行う場合と比べて、手首を真っすぐに、そして肩を自然なポジションに維持しやすくなります。ケトルベルが肩を後方へ引っ張る力が働くので、ケトルベルを使ったミリタリープレスのほうが肩の関節への負担が少なく、肩の自然な動きを伴った動きができます。

それからケトルベルが重くなるほど重心が身体から離れるため、持ち上げる難易度も高くなっていくといった特徴もあります。

Kettle Bell Training 02

全身を強化

ミリタリープレスのお手本

ここではまずミリタリープレスの流れをつかんでください。全体がイメージできたら120ページからの動きのポイントを踏まえたうえで、実践していきましょう。

動きの流れ

ラックポジション

1

正しくクリーンを行い、ラックポジションになります

2

力強く息を吸いこみ、臀部、腹部、大腿部を力強く収縮させせます。地面からの反力で肩をすくませずにケトルベルを押し上げます

回数の目安

初心者	左右1〜5回 ×2〜3セット	中上級者	左右1〜5回 ×2〜10セット

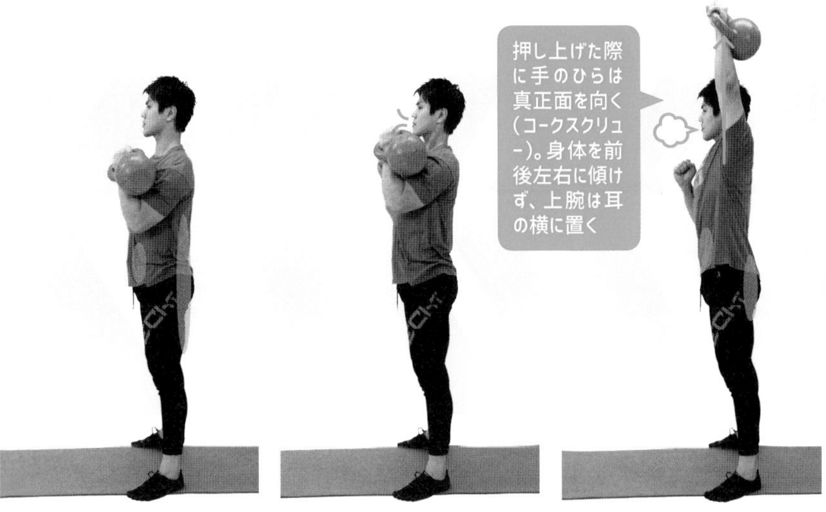

フィニッシュポジション

5

ラックポジションに戻ったら少し制止をし、体勢を作り直してから再び挙上します

4

押し上げたときと同じ軌道で下げていきます

3

ヒジを完全に伸ばしてフィニッシュします

Kettle Bell Training 03

全身を強化

ミリタリープレスのポイント①

ミリタリープレスで十分な効果を得るために、そして不用意なケガをしないために、行ってもらいたい動きのポイントをまとめました。正しいフォームと動きをしっかりと身につけましょう。

ハンドルはあごの下

ラックポジションではハンドルはあごの下に

ミリタリープレスでは、広背筋を使って肩を引き下げます。ハンドルがあごよりも高いと僧帽筋が収縮してしまい、体幹も不安定になるため、挙上しにくくなってしまいます。

手首は真っすぐ

ケトルベルを保持する手首は真っすぐに

ダンベルやバーベルではできない、ケトルベル特有の動きになります。前腕の前面の収縮で手首を少し返し、まっすぐにします。肩の安定性を保つために不可欠な動作です。

ヒジを伸ばす

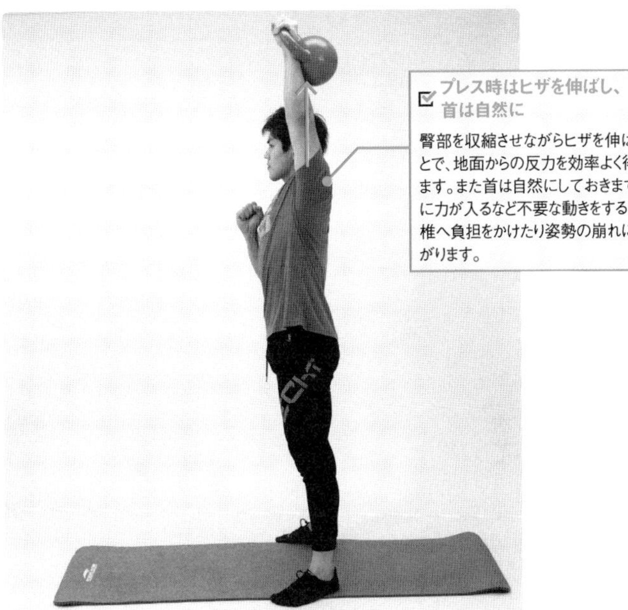

☑ プレス時はヒザを伸ばし、首は自然に

臀部を収縮させながらヒザを伸ばすことで、地面からの反力を効率よく得られます。また首は自然にしておきます。首に力が入るなど不要な動きをすると、頸椎へ負担をかけたり姿勢の崩れにつながります。

大きく傾かない

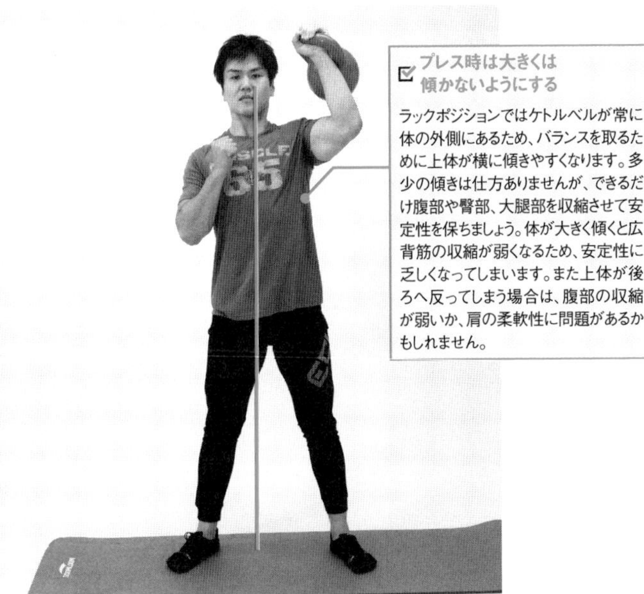

☑ プレス時は大きくは傾かないようにする

ラックポジションではケトルベルが常に体の外側にあるため、バランスを取るために上体が横に傾きやすくなります。多少の傾きは仕方ありませんが、できるだけ腹部や臀部、大腿部を収縮させて安定性を保ちましょう。体が大きく傾くと広背筋の収縮が弱くなるため、安定性に乏しくなってしまいます。また上体が後ろへ反ってしまう場合は、腹部の収縮が弱いか、肩の柔軟性に問題があるかもしれません。

全身を強化

ミリタリープレスのポイント②

120ページに続き、ミリタリープレスのポイントをまとめています。

肩をすくませない

プレス時、ハンドルが目の高さに来るまで肩をすくまない

動作の前半、肩がすくんで過度に僧帽筋が収縮するとスムーズに力が伝達できません。本来は広背筋が肩を引き寄せるのですが、これと反対の動作になってしまうからです。逆に動作の後半では、耳の横に腕がくるように僧帽筋を収縮させることで、肩を安定させます。

手首を反らせない

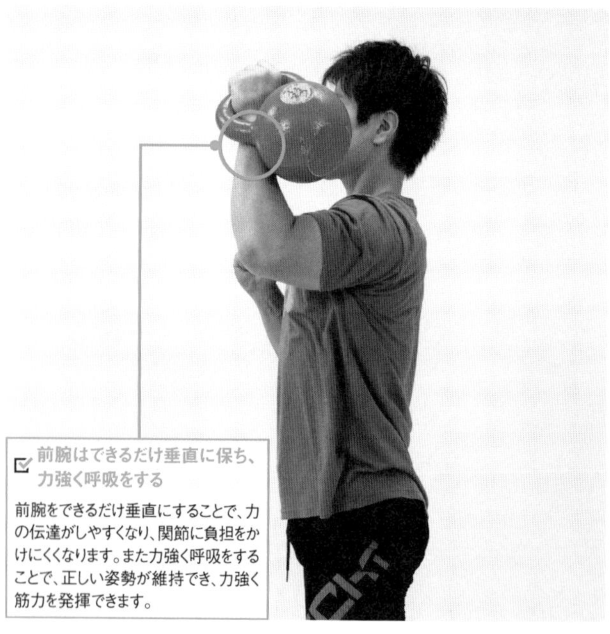

前腕はできるだけ垂直に保ち、力強く呼吸をする

前腕をできるだけ垂直にすることで、力の伝達がしやすくなり、関節に負担をかけにくくなります。また力強く呼吸をすることで、正しい姿勢が維持でき、力強く筋力を発揮できます。

お腹と下半身を引き締める

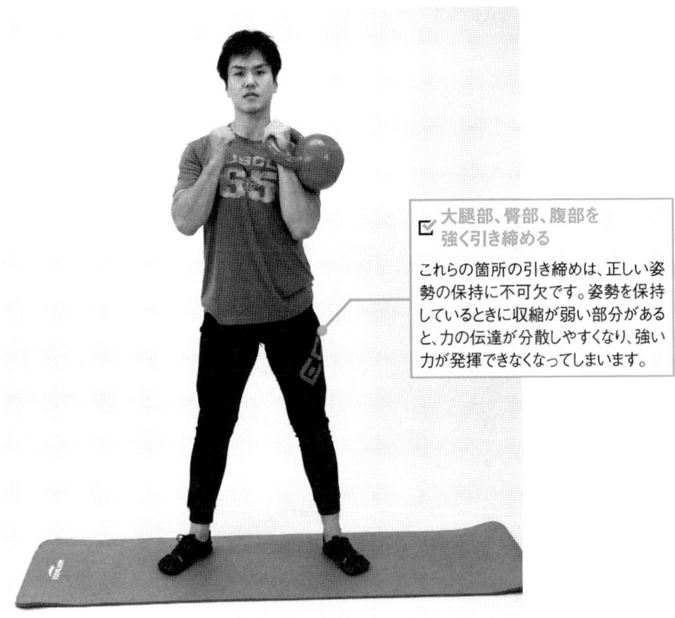

大腿部、臀部、腹部を強く引き締める

これらの箇所の引き締めは、正しい姿勢の保持に不可欠です。姿勢を保持しているときに収縮が弱い部分があると、力の伝達が分散しやすくなり、強い力が発揮できなくなってしまいます。

ヒジを伸ばす

フィニッシュポジションでは、ヒジを完全に伸ばして動きを止める

フィニッシュではケトルベルと地面の間に、腕と体幹、下肢があり、それぞれが圧縮された姿勢になります。

全身を強化

ミリタリープレスのよくある失敗と対策

後ろにのけぞる

原因

胸周りの柔軟性が低下している

対処法

ストレッチで柔軟性を向上させる

胸周りの動きを向上させる

特に胸周りの動き(胸椎の伸展動作)を向上させるストレッチを行っていきます。

うつ伏せになり、みぞおちが地面から離れるまで上体を起こします

四つんばいで手を30~40cm前に置きます。そこから胸を地面につけるように身体を反らせます

動作中に肩がポキポキ鳴る

原因

肩が安定していないか軌道がおかしい可能性がある

対処法

肩の安定性はゲットアップで確認し、軌道については下記の確認をする

これで解決！

軌道確認する

ケトルベルは身体から離れたところから上がります。上腕の角度を肩甲骨面上の角度に合わせて挙上できるようにしましょう。

肩を上げやすい位置（ポジション）でケトルベルをプレスします

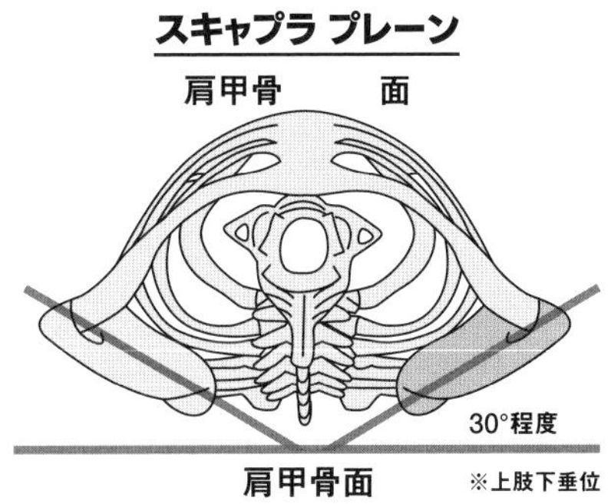

何も持たずにヒジを肩の真横ではなく30度ほど内側から、自然に腕を上げます

バリエーション①
ダブルミリタリープレスのお手本

動きの流れ

横

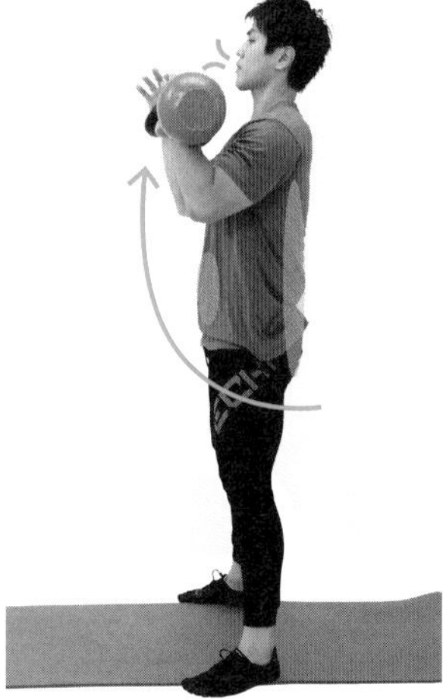

ラックポジション

正面

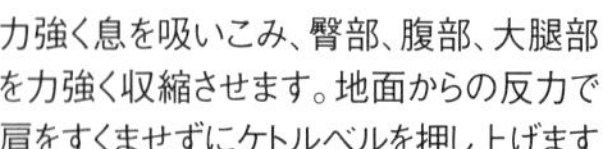

2

力強く息を吸いこみ、臀部、腹部、大腿部を力強く収縮させます。地面からの反力で肩をすくませずにケトルベルを押し上げます

1

正しくクリーンを行い、ラックポジションになります

回数の目安

初心者	左右1～5回 ×2～3セット	中上級者	左右1～5回 ×2～10セット

腰を反らせない

両手の動作では腰を反らせやすくなるため注意が必要です。臀部、腹部、大腿部を力強く引き締めておきましょう。

足幅を適切な位置へ動かす

ダブルクリーンを行う足幅では、プレスで力を発揮しにくくなります。ケトルベルをキャッチすると同時に、足幅を適切な位置へ動かしておくといいでしょう。ラックポジションで足幅を調整しても問題ありませんが、クリーンで作った筋緊張を崩してしまうことにもなります。慣れるまではキャッチと同時に調整をします。一歩でスムーズに移動できるように、事前に力が入りやすい足幅を確認しておきましょう。

フィニッシュポジション

3

ヒジを完全に伸ばしてフィニッシュします

4

押し上げたときと同じ軌道で下げていきます。ラックポジションに戻ったら少し静止をし、体勢を作り直してから再び挙上します

Kettle Bell Traininng
07
全身を強化

バリエーション② オルタネイティブプレスのお手本

動きの流れ

ラックポジション

1

正しくクリーンを行い、ラックポジションになります

フィニッシュポジション

4

先ほどと反対側の腕を上げます。動かさないほうのケトルベルが錨の役割を果たします

回数の目安

初心者	左右1～5回×2～3セット	中上級者	左右1～5回×2～20セット

フィニッシュポジション

2

片手ずつケトルベルを持ち上げます

ラックポジション

3

再びラックポジションに戻ります

刺激を変える種目

この種目は、ダブルミリタリープレスの応用になります。ダブルミリタリープレスよりも難易度が低く、動作を行いやすくなります。刺激を変える種目として取り入れてみるといいでしょう。

ラックポジション

5

ラックポジションに戻ります。この動作を繰り返します

バリエーション②
シーソープレスのお手本

動きの流れ

ラックポジション

1

正しくクリーンを行い、ラックポジションになります

フィニッシュポジション

4

反対側のケトルベルを持ち上げます

回数の目安

初心者	左右1〜5回 ×2〜3セット	中上級者	左右1〜5回 ×2〜20セット

フィニッシュポジション

3 上げた腕を下ろしながら、反対側の腕を上げていきます

2 片方のケトルベルを持ち上げます

押すと引くを同時に行う

2つのケトルベルを休みなく押したり引いたりしますので、オルタネイティブプレスよりも筋緊張が持続します。また、左右逆の動きを行うことで、他のダブルプレス種目よりも重量を上げやすくなります

ラックポジション

5 この動作を繰り返します

全身を強化

バリエーション④ ソットプレスのお手本

動きの流れ

ラックポジション

1

正しくクリーンを行います

ラックポジション

4

姿勢を崩さないようにラックポジションに戻り、動作を反復します

回数の目安

初心者	左右1～5回×2～3セット	中上級者	左右1～5回×2～5セット

フィニッシュポジション　**ボトムポジション**

3 姿勢を崩さぬままケトルベルを押し上げます。上腕は耳の隣に位置します

2 フロントスクワットでボトムポジションへ移行します

ダブルのプレスと組み合わせてもOK

ソットプレスは柔軟性が要求され、強度が高い種目です。正しく動作を行うことで、各関節の柔軟性や体幹の安定性向上に役立ちます。また両手で行うことで、強度を高められます。オルタネイティブプレスやシーソープレスを組み合わせてもよいでしょう

5 動作を反復するか、そのままスクワットの要領で立ち上がります。反対側も同じように行います

全身を強化

バリエーション⑤ Zプレスのお手本

動きの流れ

セットポジション

1

長座をして軽く脚を開きます。脚を閉じすぎると安定感がなくなるので注意しましょう

ラックポジション

4

ゆっくりとラックポジションに戻り、動作を繰り返します

回数の目安

初心者	中上級者
左右1～5回 ×2～3セット	左右1～5回 ×2～5セット

フィニッシュポジション　**ラックポジション**

2

ケトルベルを持ち、ラックポジションで保持します

3

体幹を固めて力強く鼻から息を吸い込み、ケトルベルを押し上げます

骨盤を立てたよい姿勢で行う

股関節周辺の柔軟性、胸椎の可動域、体幹の安定性などが必要になる強度が高い種目です。骨盤を立てたよい姿勢で行うことで、肩周辺の筋肉や体幹の強化、プレス動作の改善に役立ちます。長座で背中をまっすぐにした状態を保てない場合は、柔軟性を向上させてから行います。なお。この種目もダブルでも行えます。

5

反対側も同じように行います

全身を強化

フロントスクワットとは

フロントスクワットの動き

胸の前でケトルベルを持ち、スクワットの動きを繰り返します

ケトルベルを使うことで様々なメリットが得られる

ケトルベルを使ったフロントスクワットを行うことで、下半身の筋力と柔軟性の向上に素晴らしい効果が見込めます。

スクワットというとバーベルやダンベルを使ったイメージが強いのですが、バーベルの場合は手首への負担が大きく、ダンベルは保持がしづらいためスクワットが行いにくいという難点があります。

これらに対して、ケトルベルは保持しやすいため動作に影響が少なく、正しい姿勢で深くまでしゃがむスクワットポジションを覚えることにもつながります。お尻が地面の近くほど深くしゃがみ込んだスクワットでは、ヒザ周辺の筋肉だけでなく、お尻を含めた股関節の筋肉の発達にも役立ちます。

スクワットの正しいフォームと動き

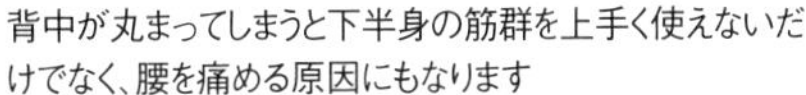
背中が丸まってしまうと下半身の筋群を上手く使えないだけでなく、腰を痛める原因にもなります

腹圧を高めて胸を張り、背中を丸めないフォームで上下に動きます

スクワットのフォームや動きを身につけるのにも最適

バーベルを使ったスクワットは、ビッグ3と呼ばれるトレーニングのメイン種目ですが、正しい姿勢や動きをマスターすることが難しいという難点があります。ケトルベルでのスクワットはケトルベルを胸元でキープすることで、腹圧を高めた状態を自然に学ぶことができます。さらにしゃがんだ姿勢では、上半身を直立近くに起こした姿勢を作れることも特徴になります。「胸を張り、背中を丸めないフォーム」は非常に難しく、意識するだけではなかなか身につきません。けれどもケトルベルを使うことで無意識に行え、身につけられることは、非常に大きなメリットといえます。

またケトルベルのフロントスクワットをクリーンやプレスと組み合わせることで、全身の筋力をくまなく向上させられます。

クリーンやプレスと組み合わせてもOK

Kettle Bell Training 12

全身を強化

フロントスクワットのお手本

ここではまずフロントスクワットの流れをつかんでください。全体がイメージできたら140ページからの動きのポイントを踏まえたうえで、実践していきましょう。

動きの流れ

横

セットポジション

正面

両手でケトルベルを持ち胸の前で構えます。つま先をやや外向きに、足幅は肩幅か肩幅よりもやや広くします

動きのお手本

回数の目安

初心者	左右1〜5回 ×2〜3セット	中上級者	左右1〜5回 ×2〜5セット

フィニッシュ&セットポジション

スクワットポジション

浅く短く息を吐いて立ち上がります

鼻から力強く息を吸って腹部を固めてしゃがみます。背中をまっすぐに維持できる程度にしゃがみ、少し静止します

Kettle Bell Training 13

全身を強化

フロントスクワットのポイント①

フロントスクワットで十分な効果を得るために、そして不用意なケガをしないために、行ってもらいたい動きのポイントをまとめました。正しいフォームと動きをしっかりと身につけましょう。

地平線を見る

視線は地平線を見続け、首を自然な状態に維持させる

視線は水平線を見続けることで、首は自然な傾きになります。首の傾きは正しい姿勢の維持にかかわりますし、傾きが不自然だと頸椎への負担が懸念されるので気をつけましょう。

自然な背中のアーチ

自然な背中のアーチを維持する

無理な力を入れずに、自然な背中のアーチを描くようにします。上体を常に安定させておくことで、下肢の動作を効率よく行えます。

足裏全体を接地させる

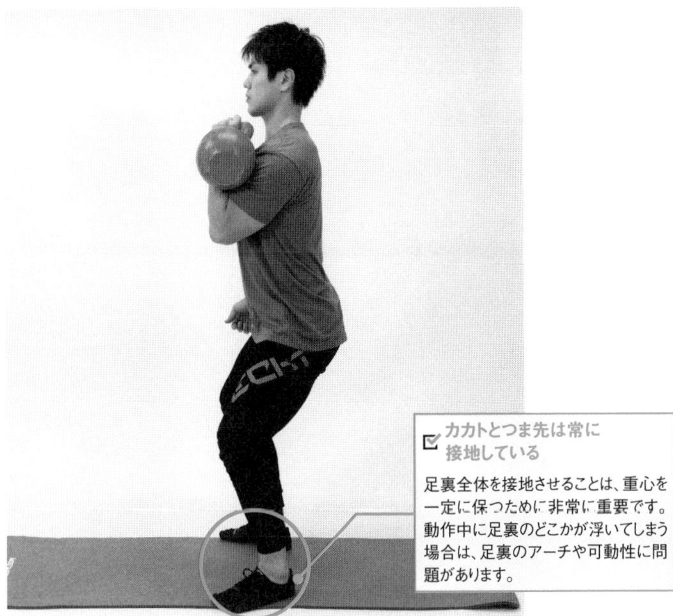

カカトとつま先は常に接地している

足裏全体を接地させることは、重心を一定に保つために非常に重要です。動作中に足裏のどこかが浮いてしまう場合は、足裏のアーチや可動性に問題があります。

ヒザとつま先の向き

ヒザとつま先は同じほうへ

ヒザは屈曲と伸展以外の動きが苦手です。つま先とヒザを同じほうへ向けないとヒザを捻じる力が発生します。これによってヒザへの負担が高まったり、股関節や足への悪影響につながります。

全身を強化

フロントスクワットのポイント②

140ページに続き、フロントスクワットのポイントをまとめています。

完全に静止

ボトムポジションでは、筋肉の緊張を維持して完全に静止

プレスと同様にフロントスクワットでも反動を使った動作をすると、姿勢が崩れやすくなります。1回ずつしっかりと静止することで、柔軟性の向上も見込めます。

ゆっくり同時に動かす

肩と腰をゆっくりと同時に動かす

肩と腰がバラバラに動いてしまうと、本来使われるべき筋肉が効率よく働かなくなります。肩と腰を同時に動かすことができない場合は、重量を落として練習しましょう。

完全に伸ばす

トップポジションではヒザと股関節を完全に伸展

完全にヒザと股関節を伸ばす動きは、発生した力を垂直方向へ伝えるために重要になります。

女性は胸に注意

女性は胸を圧迫させないように注意する

フロントスクワットは、ラックポジションを維持して行います。ラックポジションでの腕の位置を再度確認し、胸を圧迫させないようにしましょう。

フロントスクワットのよくある失敗と対策①

深くしゃがめなかったり、カカトが浮く

原因

いろいろな問題が考えられるが、ここでは足関節やふくらはぎ、腸腰筋が原因の解決策を紹介する

対処法

チェックで原因を特定し、それぞれの3か所の柔軟性の向上を目的としたストレッチやマッサージを行う

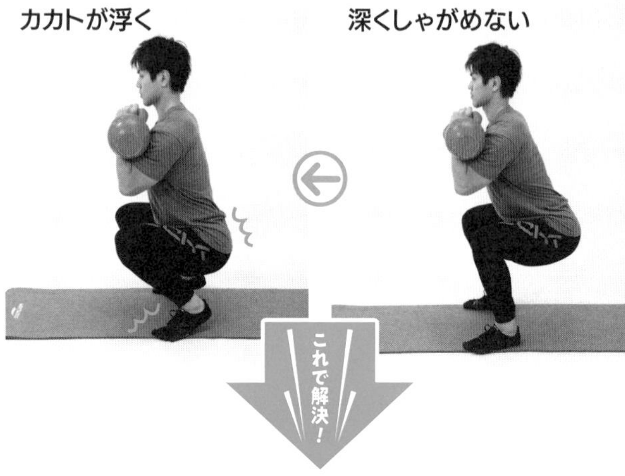

足首の柔軟性をチェック

足首の柔軟性が少ないと深いスクワットは行えません。また足首の柔軟性を妨げてしまう原因としては、主に足首前面の可動性の低下と、ふくらはぎの柔軟性低下が考えられます。

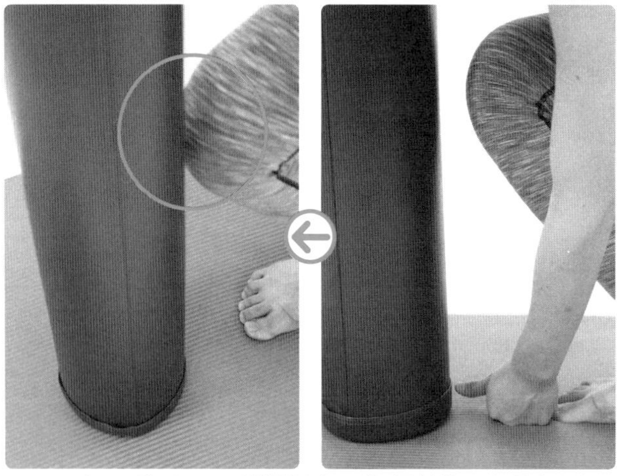

ストレッチポールや壁から10cmほど（親指を立てた拳が目安）離れます。足裏が浮かないようにヒザを前に押し出し、ヒザで壁を触ります。触れない場合は、足首前面とふくらはぎのどちらに詰まりを感じるかでアプローチが異なります。

前側に詰まりを感じた場合

1　内くるぶし周辺とアキレス腱ほぐし

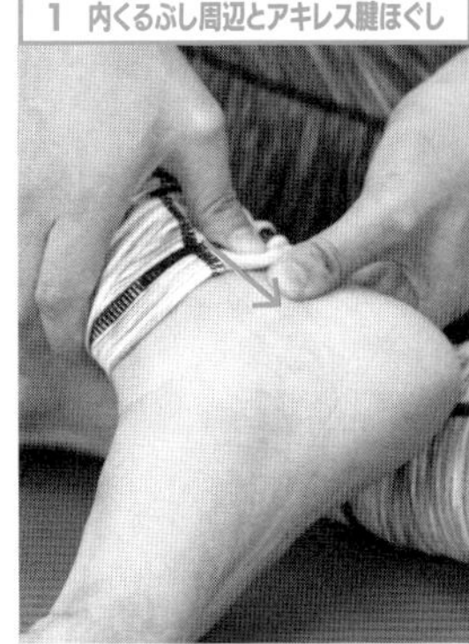

うちくるぶしの下から、アキレス腱のあたりまでを左右それぞれ1分ほど親指でほぐします

2　足首の動きをよくする

指2本
分下

内外のくるぶしを結んだ線の下を、親指でカカト方向へ押し込みながらヒザを前に突き出します

3　ケトルベルを持ってしゃがむ

ケトルベルの重さを利用して足首の柔軟性を高めます。左右とも行います

後ろ側に硬さを感じた場合

1　足裏ほぐし

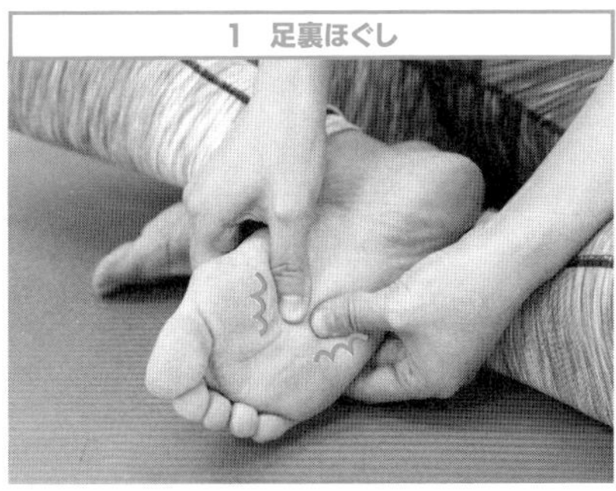

親指で足裏を2分ほどほぐします

3　下腿後面のストレッチ

足裏全体をつけて座り、前側に体重をかけます

股関節前面のチェック

足首に問題がない場合、股関節や体幹の使い方が原因と考えられます。その場合、ヒザを両手で抱え込みましょう。この時に抱え込んだ脚と反対側のヒザ曲がったり、動いてしまったら、股関節前面の筋肉の柔軟性不足が考えられます。

ヒザが曲がっている

通常

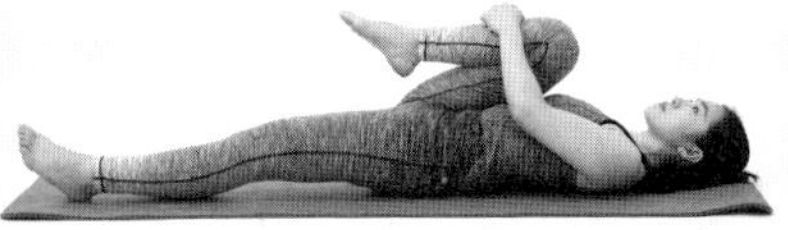

ヒザが曲がっている場合は206ページの2つのストレッチを実施します

全身を強化

フロントスクワットのよくある失敗と対策②

ヒザが内側に入ってしまう

原因

お尻の筋肉や柔軟性が不足している

対処法

股関節周りの使い方を覚え、筋力と柔軟性を向上させる

手ぶらスクワット＆フロッグ

2つの動きでお尻をはじめとする股関節周りの使い方を覚えながら、筋力アップと柔軟性の向上をします。

1

2

四つんばいになって脚を開きます。その状態からお尻を前後に動かします

肩幅よりも脚を広げ、つま先を30度ほど外側に向けます。ヒジがヒザの内側に当たるようにスクワットをします

背中が丸まってしまう

原因

しゃがみきったときに腰が丸まる（バットウインク）

対処法

お尻の柔軟性獲得と腸腰筋の筋力発揮を高める

これで解決！

お尻のストレッチと腸腰筋の筋力強化

バットウインクの原因は、「臀部の柔軟性の欠如」、「腰部の収縮ができていない」、「腸腰筋の筋力発揮が弱い」などです。

お腹に力を入れ、姿勢が崩れないように注意します

座って脚を組み、組んだ方のお尻を伸ばします。背中を丸めずに胸を軽く張ります

全身を強化

バリエーション①
ダブルフロントスクワット

動きの流れ

セットポジション

正面

1

ケトルベルを2つ持ち、胸の前で構えます。つま先をやや外向きに、足幅は肩幅か肩幅よりもやや広くします

回数の目安

初心者	左右1〜5回 ×2〜3セット	中上級者	左右1〜5回 ×2〜5セット

フィニッシュ&セットポジション

スクワットポジション

常に胸とお尻を同時に動かす

重量とのバランスを取るために上体を起こしやすく、2つのケトルベルを制御するため、体幹への負荷を強く感じられます。重量が重くなるので、筋力が伴っていないと、お尻から立ち上がりやすくなります。常に胸とお尻を同時に動かすことを意識しましょう。

3

浅く短く息を吐いて立ち上がります。この動きを繰り返します

2

鼻から息を吸って腹部を固めます。背中をまっすぐに維持できる程度にしゃがみ、少し静止します

動きの流れ

横

18

全身を強化

バリエーション②
オーバーヘッドスクワット

セットポジション

正面

1

スナッチやプレスを用いて、オーバーヘッドポジションを作ります

回数の目安

初心者 左右1〜5回 / 2〜3セット　**中上級者** 左右1〜5回 / 2〜5セット

腰を反らせない

この種目は、多くの関節の可動域と安定性が必要になります。全身の多くの筋肉が動員されますが、特に体幹を強化できます。またケトルベルでは肩を後方へ引くような負荷がかかるため、ダンベルよりも肩を自然なポジションで保持しやすく、動作を安定して行えます。

両手の種目もOK

難易度は上がりますが、両手でも実施できます。バーベルで行うよりも手幅の制限から解放されることで肩への負担は少なくなります。

フィニッシュ&セットポジション

スクワットポジション

腹圧を維持したまま、勢いよく立ち上がります。この動きを繰り返します

腹圧を固めた状態で、深くしゃがみます

どうしてケトルベルを？
ケトルベルをはじめたキッカケ

・コロナでジムに行けなくなり、自宅でのトレーニングにいちばんよさそうだったから

・持ちやすいのでダンベルの代わりです

・有酸素運動と無酸素運動が同時にでき、一石二鳥で鍛えられるところが好きです

・体調管理です。ケトルベルは全身運動ができるので、やった後は身体が軽くなります

・身体を芯から鍛えて、動ける強い体を手に入れたいからです！

・ケトルベルを知らない人には変な鉄球にしか見えないでしょうね。このなんとも可愛い奴が自分をどこまで強くしてくれるのか…

・柔道整復師として、機能改善や動作の再教育に効果的なためです

・高度な動きで色んな筋肉が鍛えられるからですかね

・体幹がなく、ヘルニアになって2kgのダンベルが持てなくなりました。丈夫な足腰をと思いケトルベルをやっています

・筋トレと有酸素を効率的にやりたかったから

・なんとなくはじめましたが、ケトルベルのおかげで友達がたくさんできました！

PART 5

そのほかのケトルベル種目とプログラム例

Kettle Bell Training 01

その他の種目

ウィンドミルのお手本

ウィンドミルはヒンジと体幹の回旋を伴ったエクササイズで、背骨を反らして行う種目ではありません。他の種目と同様によい姿勢を維持して行うことで、肩の安定性と柔軟性、股関節周辺や体幹の強化ができます。

動きの流れ

セットポジション

1

オーバーヘッドポジションを作ります

ラックポジション

3

軸脚に全体重を乗せてヒンジを行います。

回数の目安

初心者 左右1～5回×2～3セット

中上級者 左右1～5回×2～5セット

軸脚に体重を乗せられない場合は

ペットボトルを踏みながら行う

ペットボトルをつぶさないように行うことで、軸足で体重を支える感覚を養います。

2

脚を腰幅に開き、ケトルベルと反対側に向かってつま先を45度程度回します

ラックポジション

☑ 動きのチェックポイント

- ☑ 身体を反ったり捻ったりせず、ヒンジと体幹の回旋で動作を行う
- ☑ 軸脚は常に伸ばしておく
- ☑ ほぼすべての体重を軸脚に載せる
- ☑ 前脚のヒザは柔らかく使い、つま先と同じ方向に向ける
- ☑ ヒジを常に伸ばし、肩周辺を安定した状態に保つ

4 右ハムストリングスと右臀部にストレッチ感を感じる

軸脚のヒザは常に伸ばしておきます。この動きを繰り返します

Kettle Bell Training 02

その他の種目

ウィンドミルの動きを覚える

はじめはウィンドミルの動きが理解できないかもしれません。そこでこのページでは正しいウィンドミルの動きを覚えるための練習方法を紹介します。

動きの流れ

ハーフニーリングポジションを作り、後ろ足のヒザを45度ほど外側に開きます

後ろ脚側のお尻をカカトに近づけるようにヒンジを行って手をつきます。余裕があればヒジまで地面につけます

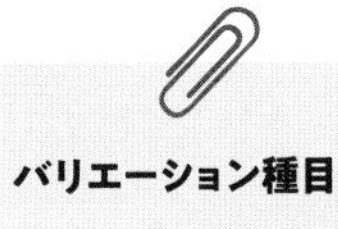

バリエーション種目

ハーフニーリングポジションのまま動作を行います。前脚のつま先を触るように上体を倒します

余裕があればヒジまで地面につけます

両手で安全にケトルベルを持ち上げ、前脚側の手で持ち上げてオーバーヘッドポジションになります

お尻をできるだけ後ろへ突き出し、臀部を引き締めて勢いよく立ち上がります

その他の種目

アームバーのお手本

胸椎の回旋を促すいろいろなトレーニングのなかで、最も効果がある種目の1つです。胸椎の回旋は多くの動作に関わるため、競技のウォーミングアップやケアに有効です。重量は5回連続でゲットアップができる程度が目安になります。

動きの流れ

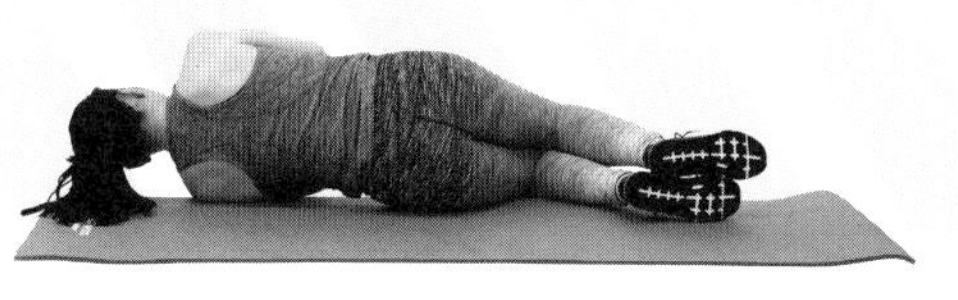

1

ケトルベルがおへその前あたりに来るように寝転がり、両手で握ります

余裕があれば脚を伸ばし、臀部を引き締めて骨盤を地面に押しつける。息を深く吐くように意識する

4

思いきり踏み込んでケトルベルを持っていないほうへ重心を移動させます。脚を反対側へ移動させ、頭を反対側の腕に乗せます

回数の目安

30〜90秒×1〜3セット

2

ハンドルを握ったまま仰向けになり、前腕を地面と垂直にします

3

ケトルベルを押し上げます。反対の手で補助してもOKです

☑ 動きのチェックポイント

- ☑ ケトルベルを保持したほうのヒザを立て、反対側の腕は耳の横にくるように上げておく
- ☑ しっかりと重心を移動させて行う
- ☑ 深い呼吸を意識する
- ☑ 腹圧を高めて持ち上げる

5

左右それぞれ1〜2分、この動きを繰り返します

その他の種目

バリエーション①
ベントアームバー

アームバーのバリエーションで、肩甲骨や肩前面も大きく動かす種目です。アームバーと同じ重量から始め、問題がなければ少しずつ重さを増やしていきます。重さもストレッチ効果を高める要素になります。

動きの流れ

1

両手でハンドルを握ります

4

アームバーの姿勢を取ります。安定性を保つため、ヒザと股関節を直角にするか、股関節を直角に曲げてヒザを伸ばします

回数の目安

左右2〜5回×2〜3セット

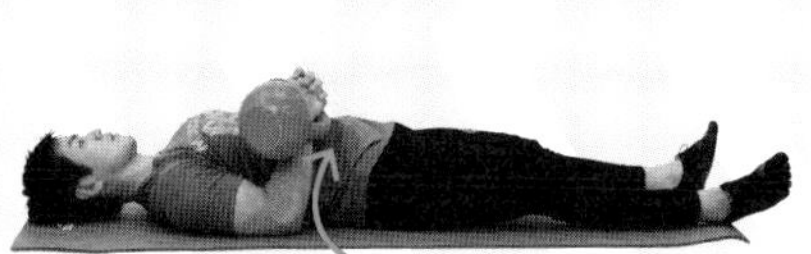

2

両手でハンドルを握ったまま仰向けになります

3

ケトルベルを押し上げます

5

脇腹にヒジを差し込むつもりでゆっくりとヒジを下げます

6

この動作を繰り返します。左右とも行いましょう

その他の種目

ベントプレスのお手本

全身の筋肉を使い、独特な動きで高重量を持ち上げます。広背筋の収縮や肩・胸椎の可動域と安定性、ヒンジ動作が重要な要素になります。軽い重量で行うとストレッチ効果がありますが、高重量のほうが自然と肩が下がり、本来の目的が達成しやすくなります。

動きの流れ

両手でケトルベルを持ちます

ヒンジを使い、ケトルベルから離すように上体を倒します。重量は収縮させた広背筋で支えているイメージを持つといいでしょう。ヒジが伸びきるまで体を潜り込ませます

回数の目安

初心者	左右1〜5回 ×2〜3セット	中上級者	左右(高重量で)1回 ×2〜5セット

3 前腕の直角を保ったまま、ケトルベルを持ったほうの腕を後ろ側に捻ります

2 前腕を直角にしたまま右脚側に上半身を傾けます

動きのチェックポイント

- ケトルベルの高さを変えないまま、身体をケトルベルの下に潜り込ませる
- 背中を反らさない
- 上体を倒し始める際、上腕と広背筋を密接させる
- ヒジを完全に伸ばしてから立ちあがる
- 動作中に肩はすくませない
- スイングとゲットアップ、アームバーをしっかり行うことで、ベントプレスも問題なくできるようになる。これらの基本種目の習得が重要
- ストロングマンArthur Saxon（ドイツ）は、168 kg (370 lbs) という世界記録を持ち、非公式記録では175 kg (385 lbs) を挙げたとされている

5 ヒジを伸ばしきったら立ち上がります。この動きを繰り返します

Kettle Bell Training 06

その他の種目

ベントプレスの動きを覚える

独特な動きで高重量を持ち上げるベントプレス。ここでは「ハーフニーリングベントプレス」という種目で正しい動きを覚えましょう。

動きの流れ

ハーフニーリングポジションを取り、後ろ側のヒザを45度ほど曲げます

後ろ脚のカカトのほうにお尻を突き出し、上体を倒します。ケトルベルの高さを変えずにヒジが伸びきるまで上体を倒します

前腕を垂直に保ったまま、ヒジを骨盤に差し込むようにします。上体をケトルベルと反対へ傾けます

ヒジが伸びきったらお尻を引き締めながら、勢いよく上体を起こします

動きの流れ

その他の種目

ボトムアップクリーンのお手本

ケトルベルを逆さにすることで、グリップや体幹を強化できます。握力に自信がある方でも、全身の筋緊張が強く安定してないと姿勢を保持できません。またクリーンを保持したままプレスやスクワットを行うと、高重量を扱う前のよいコレクティブエクササイズになります。

横

正面

1

スイングからクリーンの開始姿勢を取ります

回数の目安

左右(保持した状態で止まり)10秒〜1分×2〜3セット

注意点

- 慣れないうちは胸元に持ち上げる時に反対の手で顔を守ります
- 落としても問題がない場所で行います
- 安全のため、常にケトルベルを見ておきます

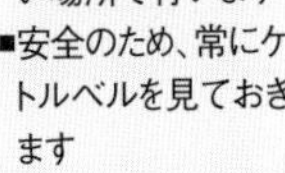

2

ケトルベルを握ったまま胸元の高さまで上げます。ケトルベルの底を天井方向に向け、その状態で静止します

3

胸元の高さでキープします。この動きを繰り返しましょう

ボトムアップのバリエーション

ケトルベルの底を上に向けた状態で行うボトムアップには、これまで紹介してきた種目と同じ動きをするバリエーションがたくさんあります。ここではいくつかのバリエーションを紹介します。

①ボトムアッププレス

握力や体幹の安定性が必要です。補助種目や高重量を扱う前のウォーミングアップにも活用できます。

ボトムアップクリーンの要領でケトルベルを持ち上げます

ケトルベルの底を上に向けたまま、バランスを取って真っすぐに持ち上げます

②ボトムアップスクワット

体幹の安定性が強調され、高重量の前のウォーミングアップに最適です。安全のためにケトルベルを直視しましょう。

ケトルベルの底を上に向けて持ち上げます

バランスを取りながらスクワットをします

③ダブルボトムアッププレス

かなり難易度の高い種目ですが、体幹と筋力、バランス感覚が鍛えられます。

ケトルベルを両手に持ち、底を上に向けます

バランスを取りながら真っすぐ上に持ち上げます

④ペットボトルを乗せる

慣れてきたら底面にペットボトルを乗せることで難易度が高まります。まずは水を入れて行い、最終的に空のペットボトルで挑戦しましょう。

ケトルベルの底を上に向け、ペットボトルを乗せます

⑤トルコ式ゲットアップ

ボトムアップシリーズでも最難関の種目です。動作の安定性とスムーズさが必要になります。

いろいろな種目に自信が出てきたらぜひ挑戦してください

連動性を高める

HALO

HALOは、肩の可動性や肩と体幹の安定性を向上させる種目です。この言葉の日本訳は「天使の輪」で、各種トレーニングのウォーミングアップとして取り入れることができます。

動きの流れ

前

息を吸う

後ろ

2

耳の横にケトルベルを移動させます。ヒジを直角に曲げ、頭や体幹が横に曲がらないようにします

1

ケトルベルの底を上に向けて胸の前で持ちます。臀部を引き締め、腹部に力を込めます

背中が反らせ
ないようにする

最初の姿勢に戻ります。同じ動きを繰り返します。反対方向も行いましょう

先ほどの反対側の耳の横にケトルベルを移動させます

頭の真後ろに移動させます。ここではケトルベルの底面が床に向きます。できるだけヒジを後方に移動させます。

筋肥大を目的にする

高重量を扱う

➡例えば5回を5セットできたら4〜8kg重くする。

セット数を増やす

➡例えば5回を4セットできたら次は5回を5セットのように、徐々にセット数を上げてきます。

休憩時間を短くする

➡例えばはじめはセット間の休憩を1分にし、次は55秒、その次は50秒などのように徐々に短くしていきます。

Kettle Bell Training 10

メニューの考え方

トレーニングメニューの考え方

ケトルベル種目の動きは大きく２つに分けられる

アメリカを拠点とするフィットネス製品の国際的メーカー「ヨークバーベル」のオーナーとして知られるBob Hoffman氏は、「to build a superman, slow movements and quick lifts are required」と発言しました。これは「ゆっくりな動きと素早い動きをマスターすることで、スーパーマンのような超人的な力を築き上げることができる」という意味になります。

ケトルベルには大きく分けて、バリスティック種目（素早い動き）とグラインダー種目（ゆっくりとした動き）があり、両者を組み合わせて行うことで、超人のような力を手に入れることができるでしょう。

■バリスティック種目

スイング、クリーン、スナッチ

筋力を高めることを目的にする

 フォームを反復して練習する

➡直接的な筋力向上ではありませんが、フォームを改善することで挙上重量の向上が期待できます。

筋肥大を起こす

➡筋肉は筋繊維の集まりですが、筋繊維1つひとつが発揮できる力には限りがあります。筋肥大を引き起こすことで、筋力を増大させやすくなります。

ケトルベル特有の反動を用いた素早い動作を行う種目になります。瞬発力を向上させることに適しており、高回数や休憩時間を短縮することで、瞬発力向上だけでなく、筋肥大や心肺機能向上効果が見込めます。

目的に応じて回数や休憩時間を決めて行いますが、姿勢が崩れるような重量や回数を行う必要はありません。

■グラインダー種目

ゲットアップ、ミリタリープレス、フロントスクワット

バリスティック種目とは逆で反動を伴わない動きになります。動作中に特定の筋肉の緊張が長いため、筋力養成や筋肥大に適しています。

筋の緊張を維持した種目では、5回を超えるあたりから筋力発揮が低下し、姿勢を崩しやすくなるとされるデータがあります。5回を超える高回数は避け、正しいフォームと姿勢を維持しながら行ってください。

Kettle Bell Training 11

メニューの考え方

トレーニングメニューの考え方と例①

ここで紹介するプログラム

1 プログラムミニマム（175ページ）

➡スイングとゲットアップを毎週2回行う

2 シンプル（176ページ）

➡2つの重量を使い、スイングとゲットアップを毎週2回行う

3 VO2MAXプロトコル（177ページ）

➡最大酸素摂取量向上を目的として開発されたプログラムで、カロリー消費が非常に高い。

4 ケトルベルフロウ（177ページ）

➡いくつかのケトルベル種目を組み合わせて行う

体を効率よく動かす

トレーニングというと「筋肉を追い込む」というイメージを持つ方は非常に多いのではないでしょうか？　ボディビル元世界チャンピオンのアーノルドシュワルツェネッガーは映画「Pumping Iron」で、パンプはセックスと同じくらい気持ちよいという発言をしています。この発言に共感する方も世の中には少なからずいらっしゃるのではないでしょうか（後日、本人は映画宣伝のための発言だったと明かしています）。ケトルベルもトレーニングとしてのツールとして非常に高い効果が得られますが、体の使い方を学ぶツールとしても非常に優れています。ここでは、他のトレーニングや競技ごとの練習と併用して、体を効率よく動かすための練習プログラムをいくつか紹介します。

メニュー1 プログラムミニマム

スイングとゲットアップは、ケトルベルの基本動作を学ぶ上で双璧をなしている種目です。プログラムミニマムは、スイングとゲットアップを1週間に2回ずつ行うプログラムで、初心者からトップクラスの競技者まで幅広く使えるプログラムになります。

ゲットアップ

スイング

Point

- 曜日は表のように固定でも、時間の取れる日にしてもOK
- 動作を行いやすい重さを選択する
  - ➡重すぎてフォームが崩れる重量は適していない
  - ➡動作が楽にこなせたら重量を増やす
- スイングとゲットアップで重さが変わってもOK
- トレーニングではなく練習であることを忘れない
  - ➡ゲットアップは連続で5回まで、スイングは何回連続してもよいが疲労困憊になるまでは行わず、それぞれ完璧なフォームで行うことを意識する
- 基本的に回数は数えなくてよい
  - ➡繰り返しになるが、完璧なフォームで実施することを重視する

プログラムミニマム

月	スイング
火	ゲットアップ
水	オフ
木	スイング
金	ゲットアップ
土	オフ
日	オフ

※スイングは12分間行う
※ゲットアップは5分間行う

トレーニングメニューの考え方と例②

メニュー2 シンプル

プログラムミニマムと同様に、スイングとゲットアップのみを扱うプログラムで、2種類の重量を使います。基本的には毎日行っても、疲れを感じた日は休んでも構いません。もしも日常のトレーニングや競技練習などで体を駆使している方は、週2〜3回行うとよいでしょう。

片手スイング　左右10回ずつ×5セット
ゲットアップ　左右1回ずつ×5セット

第1週〜第4週	A×10
第5週〜第8週	A×8、B×2
第9週〜第12週	A×6、B×4
第13週〜第16週	A×4、B×6
第17週〜第20週	A×2、B×8
第21週〜第24週	B×10

※AとB（A＋4~8kg）の2つの重量を使って行う
※表のAとBの数字は、それぞれの重りを使ったセット数になる
※25週目からはBとC（B＋4~8kg）で行う
※スイングは5分以内（男性は32kg、女性は24kg）、ゲットアップは10分以内（男性は32kg、女性は16kg）を目標とする

☑動作をきれいに行える重量を選ぶ
➡スイングは左右10回を5セットずつ、きれいに行える重量
☑スイングとゲットアップで重量が異なってもよい
☑片手スイングは筋肉や手のひらへの疲労が高くなるので変化させる
➡例えば「月曜日：片手、水曜日：片手、金曜日：両手」のように2〜3回に1回は両手スイングにする
☑セット間の休憩は「問題なく会話ができる」くらいに回復するまで取ってOK
➡リラックスできるように体を軽くゆするなど動かすとよい
☑フォームを最優先し、追い込みすぎない

メニュー3 VO2MAXプロトコル

消費カロリーが高いプログラム（※1）です。カロリー消費は酸素消費量とも密接しておりますので、心肺機能を最大限に活用された運動といえます。VO2MAX（※2）が向上することで、持久力が必要とされる競技の向上につながるだけでなく、日頃の練習をよりハードに行うことができるでしょう。

※1 心臓血管機能の専門分野で博士号をもつ研究者で、オリンピックレベルのアスリート指導も行っているKnenneth Jay氏が開発した

※2 VO2MAXとは、最大酸素摂取量のことで1分間に体重1kgあたり取り込むことができる酸素の量（ml/kg/分）を表している

1セット	右手でスナッチ	各15秒（計45秒）
	休憩	
	左手でスナッチ	
	休憩	

1セット終えたら15秒休憩し　10〜40セット　（計10分〜40分）

※15秒間で7〜9回のスナッチが行える重量を選ぶ
※重量は12〜24kgを推奨

メニュー4 ケトルベルフロウ

ケトルベルフロウは、いくつかのケトルベル種目を組み合わせて行う方法です。いくつかの動作を組み合わせることで、1つの筋肉だけに負担をかけることなく行えますので、心肺機能や筋コーディネーション能力の向上に役立ちます。ここでは例を挙げますが、いろいろと組み合わせてみましょう。

次の流れを1分で行う。例えば1セット目に下記の種目を30秒かけて行ったら、残り30秒が休憩時間になる。もし種目の実施に40秒かかったら、休憩は20秒のように、種目の実施と休憩が合計1分になるように行う

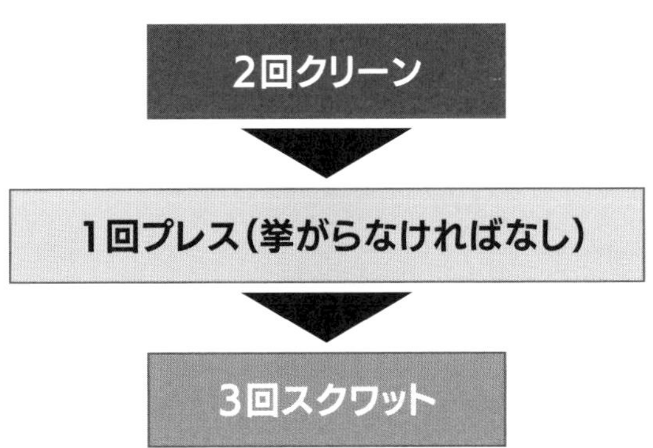

メニューの考え方

スナッチ100回を目指すトレーニングメニュー例

私が所属する団体の体力テストでは、5分間で100回のケトルベルスナッチを行います。男性であれば24kg、女性であれば12kgを用います。この基準をクリアすることで、皆さんも指導者レベルの体力と筋力を有しているといえるでしょう。

メニュー例

1分間ごとにタイマーをセット。1分間に10回のスナッチを5セット行います。

スナッチの実施時間以外は休憩時間です。早めに終わらせて休憩を長めに取っても、時間ギリギリまで使ってスナッチを行ってもOKです。きれいなフォームを目指して行いましょう。

達成できた場合、次回の回数を11回/分にして実施し、最終的に20回/分を目指します。

※頻度はお好みでOKですが、身体や手のひらの疲労を感じたら必ず休んでください。無理をしても効果を高めることはできません。

目標を3回連続で達成できなかった場合は、プログラムミニマムかシンプルを併用して実施しましょう。その場合、このメニューは週に2回までとします。

ここまで目指そう!

本文でも紹介しましたが、アメリカのシークレットサービスでは、10分間で200回のケトルベルスナッチが最低限の体力テストとして設定されているようです。ぜひこの回数を目指してみましょう。

PART 6

ケトルベルの効果を10倍アップさせるフィジカルトレーニング

Kettle Bell Training 01

姿勢を見直す

姿勢の重要性

よい姿勢とは

写真のように、よい姿勢では耳から外くるぶしの前方までが一直線になります。その直前上には、体の中心である「耳垂」、「肩峰」、「大転子」、「膝蓋骨後面」、「外果の前方」も入ります

臀部と腹筋群を収縮させる

肩関節の内外旋中間位を保つ

➡普段の姿勢が崩れている場合は、この姿勢をとっても違和感しかなく、すぐに姿勢が崩れてしまいます。日頃から意識をして姿勢を保つことが重要です。

姿勢が重要な理由

ケトルベルでは姿勢がとても重要になります。そしてトレーニング中の姿勢を改善することはもちろんですが、日常生活から姿勢を大事にしたいものです。

例えば1日1時間のトレーニングをする場合、トレーニング中の1時間だけ姿勢に気を使っていても、残りの時間が姿勢に無頓着であれば、姿勢を崩す時間のほうが長くなってしまいます。これではトレーニング中に、完璧なよい姿勢を作ることは難しくなってしまいます。

そのため、ここでは正しい姿勢のイメージが作れるように、今現在の姿勢を確認し、改善していく方法を紹介します。正しい姿勢を意識することで、ケトルベルの効果を倍増させるだけでなく、競技力や日常生活の質も向上させましょう。

姿勢を悪化させる行動

スマートフォンやPCを長時間使う
➡下を向き続けることで、首や肩、腰など身体への負担が大きくなります

長時間座る
➡姿勢への影響だけでなく、疾患リスクの危険が高まるという報告もあります。

ハイヒールやビジネスシューズ、クッション性の高い運動靴を頻繁に履く
➡足関節の可動域の減少や、いびつな歩き方などの悪影響が懸念されます。

何気ない行動が姿勢を悪化させる

頭部はボーリング球と同じ程度の重さがあるといわれています。そのためパソコンやスマートフォンを見続けるなど、下を向くような姿勢を長時間続けてしまうと、姿勢の悪化を招いてしまいます。下を向けば向くほど、負担は大きくなってしまいます。

また海外の医療機関は、「姿勢への悪影響」や「生活習慣病などの疾患リスクが高まる」など、長時間座った状態が健康に及ぼす影響を発表しています。これを改善するには、デスクワークでは、正しい姿勢を保ったり、頻繁に立ち上がるなどの工夫が必要です。

また靴によっては、足関節の可動域を減らしたり、本来とは異なる動きの歩き方がクセづいてしまうことがあります。正しいサイズの靴を履くことも、非常に大切です。

運動で姿勢が崩れるとどうなるのか

よい姿勢と悪い姿勢のイメージ

凹みがありフタを開けた状態

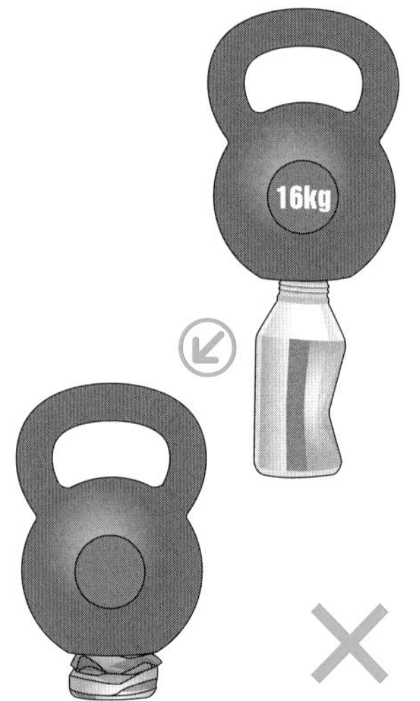

フタを開けることで内圧がなくなり、16kgの重さに耐えることができません

凹みがなくフタを閉めた状態

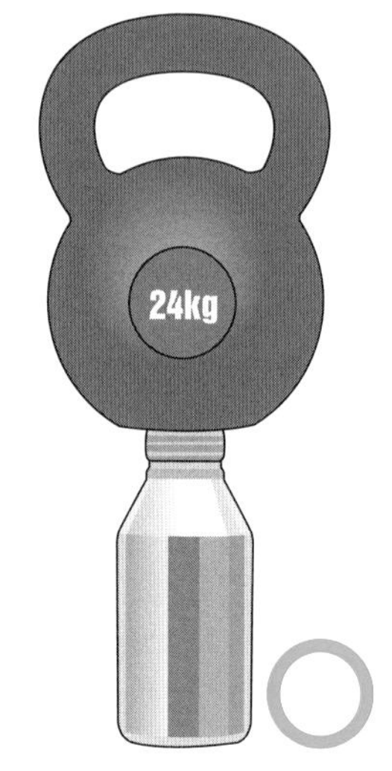

フタを閉めることで内圧が高くなり、24kgの重さにも耐えることができます

よい姿勢と腹圧が重さに耐えられる状態を作る

上の右のイラストは、過去に私が実験したことです。フタを閉めたアルミ缶に24kgのケトルベルを乗せた状態です。アルミは簡単につぶれる耐久度ですが、フタをしっかりと閉めて圧を高め、凹みのないまっすぐな状態を保つことができれば、つぶれることはありません。この状態は私たちが目指す「正しい姿勢」と「力強い呼吸を伴った腹圧」と似た状態だといえます。

左のイラストは空き缶を少し凹ませ、フタを外した状態で16kgのケトルベルを乗せた状態です。この状態は凹みがあり、内圧がない状態で、結果的にアルミ缶は潰れてしまいます（凹ませてフタをした状態では潰れませんでした）。

我々の身体にも同じように「姿勢が崩れて腹圧を保てない」と、アルミ缶と同じようなことが起きてしまうのです。

胸式呼吸

鼻から吸って胸に空気をため、口や鼻から吐きます

お腹周りの筋群が働かず、姿勢が不安定になります

腹式呼吸

鼻から吸ってお腹に空気をため、口や鼻から吐きます

横隔膜や腹筋群、骨盤底筋群の働きで腹圧ができます

正しい姿勢を作る正しい呼吸と腹圧

姿勢と腹圧はケトルベルを行う際にとても重要です。そして姿勢と腹圧の関係ですが、正しい姿勢を作って保つためには、呼吸（腹式呼吸）をうまく活用して腹圧を高めることが必要になります。

腹式呼吸のやり方については2－6ページから紹介しますが、ここでは腹式呼吸と胸式呼吸について、簡単に説明をします。

腹式呼吸は「鼻から吸って口から吐く」ことが基本ですが、「鼻から吸って鼻で吐く」でも問題ありません。大きく息を吸うことで腹腔内に空気をため、横隔膜や腹筋群、骨盤底筋群、多裂筋などの収縮で腹圧を高めます。

胸式呼吸は胸を使うため、肩が上がったり下がったりします。吸い込む空気の量が少なく、腹部が安定しにくい姿勢になりがちです。

姿勢を確認する

姿勢の確認方法

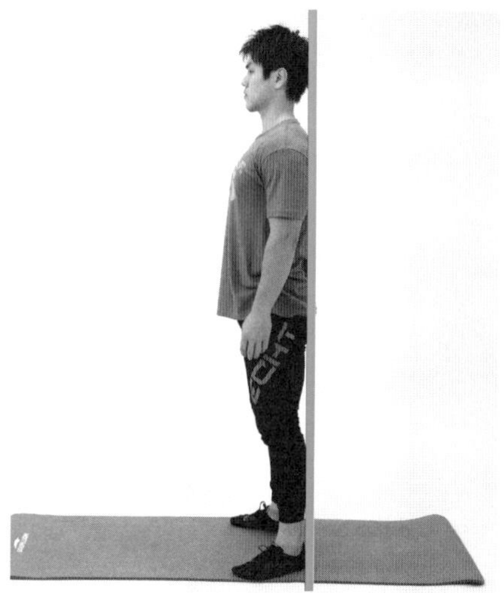

壁にカカトをつけて立ちます。普段通りの姿勢を取り、次のポイントを確認します

- **アゴが前に突き出していない**
- **後頭部と肩甲骨、肩後面、臀部が壁についている**
- **腰と壁の間に掌が入る程度の隙間がある**(ゆとりがありすぎても×)
- **意識しなくてもヒザが伸びている**

○ よい姿勢

➡意識しなくても、先ほどのポイントの部位がすべて当てはまる

△ あまりよくない姿勢

➡意識しなければ、項目のいずれかが当てはまらない

このような場合は

➡日常生活での姿勢を見直し、関節の可動域を確保しましょう

× 悪い姿勢

➡意識してもいずれかの項目が当てはまらない

このような場合は

➡要注意です。この状態でトレーニングをしても、姿勢の悪化を助長する危険があるため、早急に改善しましょう。日常生活から悪い姿勢を排除し、可動域の向上を促すストレッチを取り入れる必要があります。

悪い姿勢の代表例と改善方法は186ページから詳しく紹介します

姿勢チェックのポイント

手のひらが入る程度の隙間がある

アゴが前に突き出していない

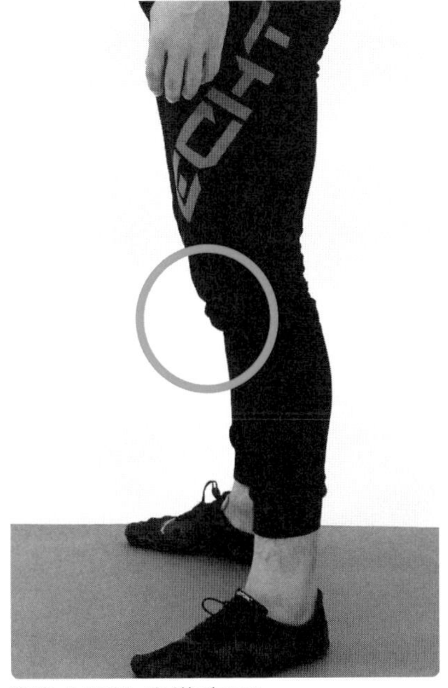

意識しなくてもヒザが伸びている

後頭部と肩甲骨、肩後面、臀部が壁についている

Kettle Bell Training 04

姿勢を見直す

NG姿勢と改善のポイント①
骨盤前傾（後弯前弯型）

姿勢確認の結果

腰と壁の間に手のひらを入れても余裕がある場合

↓

骨盤前傾（後弯前弯型）です

デスクワークやハイヒールなどの影響で、腸腰筋が硬くなっており、腹筋群や臀部などの股関節伸展筋群がうまく使えていないケースです。腸腰筋と横隔膜の動きは関係が深いため、腹式呼吸ができなかったり、呼吸が浅くなっている可能性もあります。呼吸が浅いことで、寝つきが悪かったり、精神的に不安定になってしまうこともあります。

またこの姿勢は①ハムストリングスの柔軟性が高い反面筋力が弱い、②腰を反らせると痛みが出る、③太ももとふくらはぎが太くなりやすいなどの特徴があります。

このタイプがケトルベルを行うと、腰を痛めやすかったり、ヒンジ動作で臀部が胸よりも高くなりやすかったりします。

NG姿勢

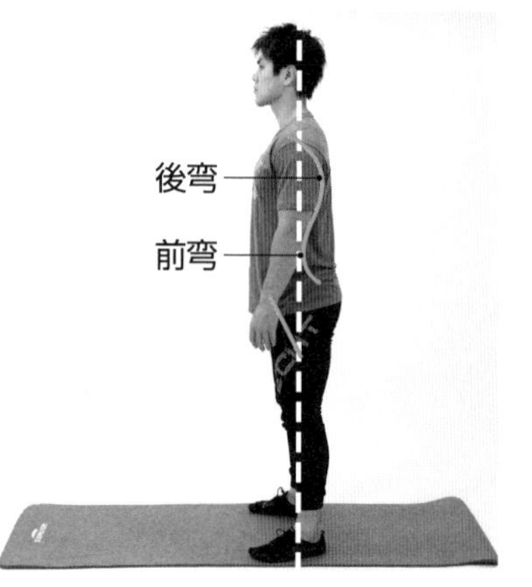

改善方法

❶ 股関節前面のストレッチ　❷ 内もものストレッチ

❸ 体幹の深層筋を動かす　❹ 腹筋強化

➡❶と❷で柔軟性を上げ、❸で腹式呼吸と骨盤の後傾を身につけます。そして腹部を鍛えることで姿勢改善が期待できます

改善方法

①と②で柔軟性を向上させ、臀部へ刺激を与えます。③と④で腹部を中心とした筋肉を強化します。

❶股関節前面のストレッチ

お尻をしっかりと収縮させることで股関節前面のストレッチになります

骨盤を後傾させて、腰を反らせないように気をつけます。お尻の強化にもつながりますので、しっかりと行いましょう

❷内もものストレッチ

両手でケトルベルを持って片ヒザをつき、反対のヒザを外側へ向けます。ケトルベルは地面についたヒザのほうにおきます

ヒザを立てたほうのつま先を45度ほど開いて外側へ向けます。ケトルベルを立てたヒザのほうへ移動するように骨盤を移動させます

❸体幹の深層筋を動かす（キャット&ドッグ）

骨盤を前傾させて背中を反らせます。胸が膨らむように息を吸う深呼吸を2～3回します

骨盤を後傾させて背中を丸めます。お腹を凹ませるように息を吐く深呼吸を2～3回します

❹腹筋強化

太ももに手を置きます。脚で地面を踏み込み、骨盤を後傾します

手をヒザのほうへスライドさせながら肩甲骨を持ち上げます。腹筋の収縮を強く感じながら10～20回繰り返します

Kettle Bell Training
05
姿勢を見直す

NG姿勢と改善のポイント②
骨盤後傾（後弯平坦型、平背型）

姿勢確認の結果

腰と壁の間の隙間がない
⬇
骨盤後傾（後弯平坦型 or 平背型）です

この姿勢はお尻が垂れ下がり、腰が丸まって見えます。カカト重心になりやすいため、カカトに痛みを感じることが多くなります。それ以外にも、カカトの皮膚が肥厚しているといった特徴があります。

長時間座った状態を続けることでこの姿勢になりやすく、ハムストリングスや腹筋群の柔軟性低下や、股関節前面（主に腸腰筋）の筋力が低下している可能性が高くなります。

このタイプは、ハムストリングスが硬いためにスムーズなヒンジ動作がやりにくくなります。また、腰が丸まりやすいため、脊椎椎間板ヘルニアを発症してしまうリスクが高いため、注意が必要です。

NG姿勢

改善方法

❶ハムストリングスのストレッチ ❷体幹の深層筋を動かす ❸臀部の強化 ❹股関節前面を鍛える

➡❶で硬くなっている筋肉を伸ばし、❷で体幹の動きをよくしていきます。体幹を働かせて❸と❹を行うことで、弱くなっている筋肉へ刺激を与えて姿勢改善を図ります。

改善方法

❶ハムストリングスのストレッチ

片脚をケトルベルに乗せてヒザを伸ばします

体を捻ったり、背中を丸めず前屈しましょう。つま先を内向きや外向きにするとストレッチのかかるポイントを変えられます

❷体幹の深層筋を動かす（キャット＆ドッグ）

骨盤を前傾させて背中を反らせます。胸が膨らむように息を吸う深呼吸を2〜3回します

骨盤を後傾させて背中を丸めます。お腹を凹ませるように息を吐く深呼吸を2〜3回します

❸臀部の強化

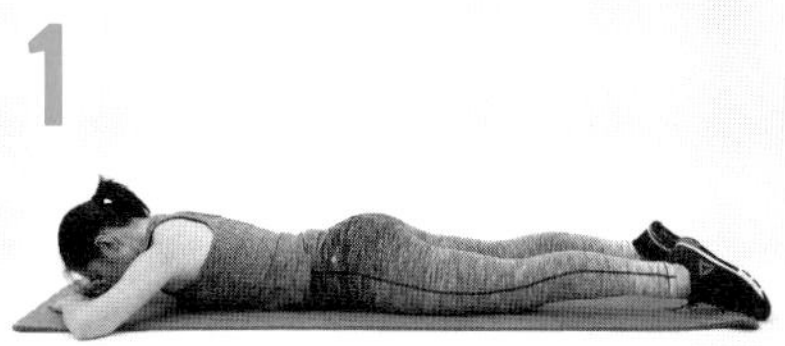

うつ伏せに寝転がります

お尻を引き締めて両脚を持ち上げ、10秒ほどキープします。この動きを繰り返します

❹股関節前面を鍛える

足をハンドルにかけます。しっかりと腹圧を高めて動作に備えます

ヒザを少し外側に向けてケトルベルを持ち上げます。体幹をしっかりと安定させて、背中を反ったり丸めたりしないように気をつけましょう。

Kettle Bell Training 06

姿勢を見直す

NG姿勢と改善のポイント③
フロントショルダー

姿勢確認の結果

「肩の後ろが壁につかない」

⬇

フロントショルダー（猫背、巻き肩）です

フロントショルダーは猫背や巻き肩とも呼ばれる姿勢です。この姿勢は、①大胸筋や広背筋などの肩の前面に付着する筋肉が硬くなり、上腕骨を内側に回してしまい、その結果肩を前に出した姿勢を取っていることが多くあります。また192ページのストレートネックとセットで発症するのですが、背中を丸めてバランスを取るようになってしまいます。そうすると肩甲骨が開くため、周辺の筋肉は弱くなってしまいます。ケトルベルではメインの種目であるスイングで背中が丸まりやすかったり、身体の後ろ側の筋肉の連携がうまく使えない可能性があります。

さらにベントプレスでは肩を痛めやすく、ミリタリープレスでは腰椎の過剰伸展で腰を痛めやすくなってしまいます。

NG姿勢

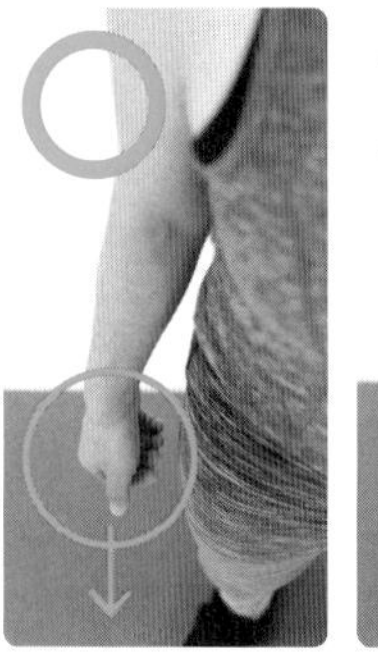

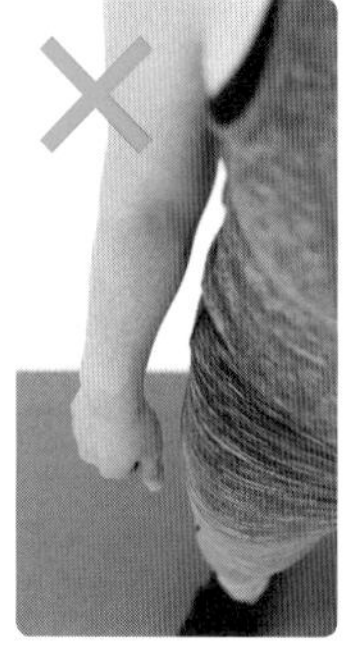

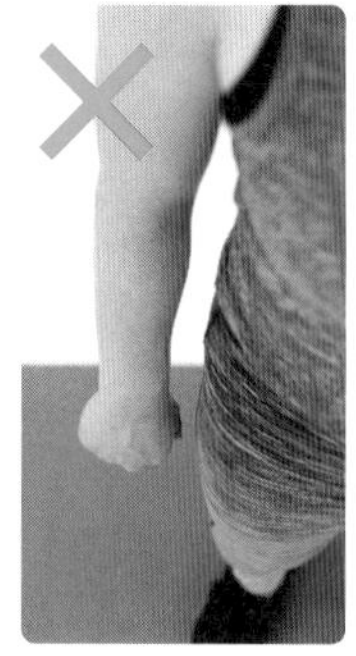

らくに立って親指を確認します。親指が前を向いていれば問題ありませんが、内側に向くと肩が内旋している可能性が高くなります

改善方法

肩のストレッチ×4種目

➡この4つのストレッチを行うことで可動域がかなり改善し、正しい姿勢を作りやすくなります。また多くの場合は「骨盤前傾（186ページ）」や「骨盤後傾（188ページ）」を伴うケースが多いため、これらのストレッチも合わせて行い、根本的な改善をしましょう。

改善方法

❶胸部をほぐす

余裕があれば手を腰部に置き、反対の手で体を浮かせて圧迫を強めます

鎖骨の下にマッサージボールやテニスボールを押し当て、身体に押し込みます

❷肩周辺のストレッチ

余裕があればケトルベルや台を使って可動域を高めます

床に手をつき、お尻を後方へ移動させて胸や背部を伸ばします。腕の開く角度を変えたり手のひらを上向きにすると効果が高まります

❸胸椎の可動域を向上させる

息を吐きながら背中を反らせ、深呼吸を2〜3回します。場所をずらして繰り返します。腰部には圧迫を与えないようにします

ストレッチポールやバスタオルを丸めて、肩甲骨の下あたりに置きます。頭を手で持ち上げ、ヒジを閉じて前方へ突き出します

❹肩甲骨周辺の筋肉を鍛える

腕を持ち上げます。肩甲骨周辺の筋肉が動いていることを感じながら10〜20回繰り返します

うつ伏せになり、腕を30〜45度程度広げてYの形にします

Kettle Bell Training 07

姿勢を見直す

NG姿勢と改善のポイント④ ストレートネック

姿勢確認の結果

「後頭部が壁につかない」、「アゴが突き出ている」

↓

ストレートネック です

頭部が大きく前に突き出ているため、頸椎のカーブがなくなってしまった姿勢です。

近年は長時間スマホやパソコンを見続けることが原因になることが多いため、スマホ首と呼ばれることもあります。

ストレートネックのように頸椎のアライメント（配列）がよくないと、神経を圧迫しやすくなるため、痺れなどの症状が出ることがあります。

この場合には医療機関で受診をし、問題がないことを確認したうえで運動を行いましょう。とくにスイングではヒンジ動作を素早く行うため、頸椎に負荷が加わります。頸椎には多くの神経が通っているので、頸椎のアライメント不良の状態で負荷を加えることが危険なことは、容易に想像できるでしょう。

NG姿勢

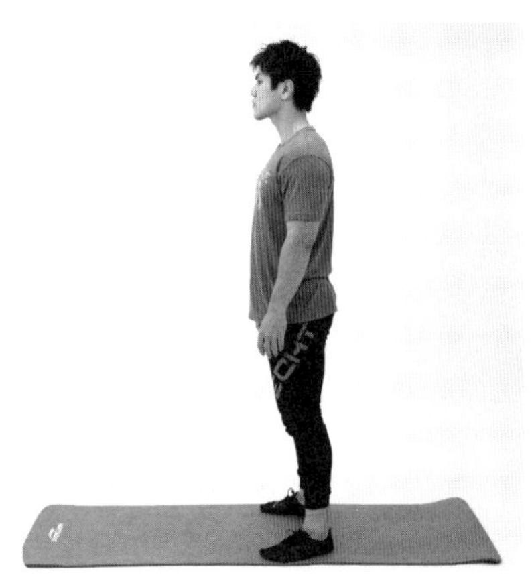

改善方法

頸部の動きを改善する2種目

➡動作中に痛みや痺れがある場合は中止してください。190ページにも記載したように、フロントショルダーと併発しますので、肩周辺の動きを改善することも必要になってきます。

改善方法

頸椎の動きを改善❶

仰向けになりヒザを立てます。バスタオルを丸めて後頭部の下に置きます

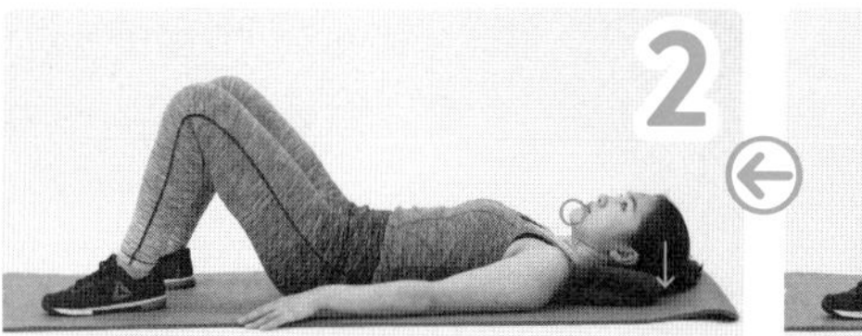

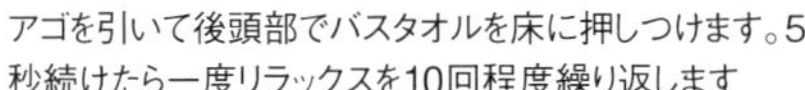

アゴを引いて後頭部でバスタオルを床に押しつけます。5秒続けたら一度リラックスを10回程度繰り返します

頸部の動きを改善❷

この姿勢を作ることで、頸部以外の動きを抑えられます。またケトルベルが下方向へ負荷をかけるため、効率よく頸部周辺のストレッチができます

ケトルベルを後ろで持ち、肩を引き下げて腹部に力を入れます。その状態で前を動かします

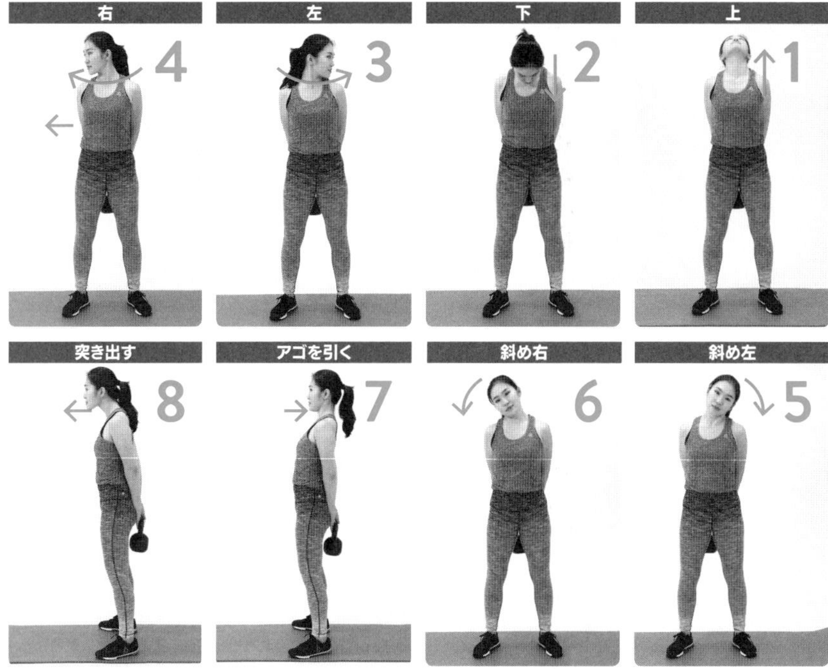

写真のように8つの方向に頸部を、それぞれ10〜20回ほど動かします。特にストレートネックを改善する場合は、7と8の動きを意識して行いましょう

Kettle Bell Training 08

姿勢を見直す

モビリティエクササイズとは

Joint by Joint Theory とは

①胸椎のモビリティ

脊椎の中で最も可動性が必要な場所だが、可動性が低下しやすい部位。胸椎の可動域の低下によって、姿勢のコントロール不良や肩甲骨の可動域低下が生じる。

②股関節のモビリティ

股関節は球関節で可動性が大きく、2関節筋や大筋群が多い。適切な姿勢のコントロールができなくなると、代償的に筋を使うため、筋の過度な緊張によってパフォーマンスが低下したり、ケガにつながりやすくなる。

③腰椎骨盤のスタビリティ

腰椎と骨盤は身体の中心になるが、骨による安定性が少なく、筋肉による制御が必要になる部位。姿勢をコントロールする核となるコアユニットもここに存在する。

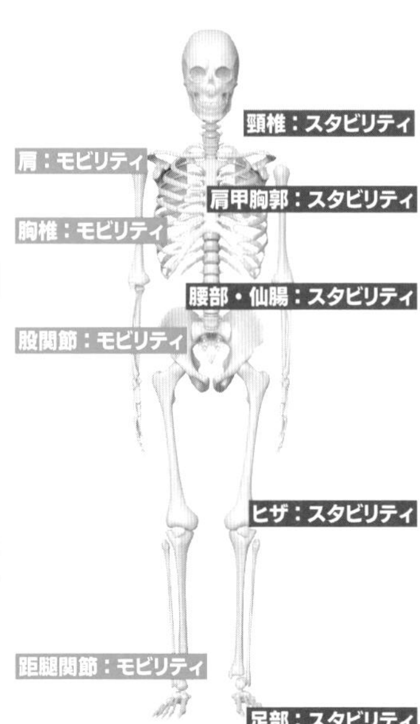

基本動作の改善と向上で関節の可動域を広げる

「柔軟性が低い」「猫背」などから脱却するためには、関節の可動域を大きくし、効率のよい動きができる身体になることが大切です。そのような場合に行いたいのがこのモビリティエクササイズで、基礎動作を行う身体の能力の改善と向上が目的です。柔軟性に自信がある方でも、可動域を改善するエクササイズ種目を取り入れることで、疲労の回復の促進や動作の質の向上につながります。

ここからは「モビリティジョイント（可動性のある関節）」である肩・胸椎・股関節・足の動きを中心に、可動域を広げるエクササイズ（※）を紹介します。これらの種目をトレーニングの前後に取り入れていきましょう。

※著名な理学療法士である Gray Cook 氏とS&Cの Michael Boyle 氏が提唱する「Joint by Joint Theory」という考え方に基づいた内容を紹介します

モビリティとスタビリティとは

関節には「動きを作る」ことと「安定させる」という2つの役割があります。そして動きを作る関節をモビリティジョイント（可動性関節）、安定させるための関節をスタビリティジョイント（安定性関節）といいます。体を動かす場合には、複数の関節がそれぞれの役割をもって働いています。

長時間のストレッチには注意

運動前にストレッチをする方は多いでしょう。そこで注意していただきたいことを紹介します。

ストレッチをすると筋肉のゴムのような弾性作用（伸張－短縮サイクル）が働きます。ところが長時間ストレッチをした後には、一時的にこの弾性作用が弱まる可能性があります。そのためスイングなどのトレーニング前に過度なストレッチをすると、筋が発揮できるパワーが減ってしまう可能性があるのです。

これを避けるため、運動前に伸長を加えるストレッチをしたい場合には、1種目につき10～15秒くらいに抑えましょう。

事前に左の注意点も確認しておいてください。

柔軟性チェック

背骨の柔軟性がない

主に大腿後面の柔軟性不足

特に問題ない

両脚をつけて前屈をします。前屈の度合で現在の柔軟性がわかります

ストレッチの注意点

- ☑ 運動前に伸長を加えるストレッチをする場合、1種目につき10～15秒くらいに抑える
- ☑ すべての種目で細く長く息を吐く
- ☑ 硬さが気になる箇所は複数回行う
- ☑ この後紹介するストレッチは代表的な例であり、これだけやれば大丈夫ということではない
- ☑ 痛みが生じたら医療機関で受診してください

Kettle Bell Training 09

姿勢を見直す

足部のストレッチ①

アーチの形成と関節の動きを促す

片足だけで、26個の骨（種子骨を含めると28個）で構成されていて、体重を支えるうえで非常に大切な役割を果たします。そのため足部に機能不全があると、ヒザや股関節に影響を及ぼしてしまいます。日ごろから足を動かして刺激を与え、足部の機能を促していきましょう。

足部のストレッチ① 手で押し込む

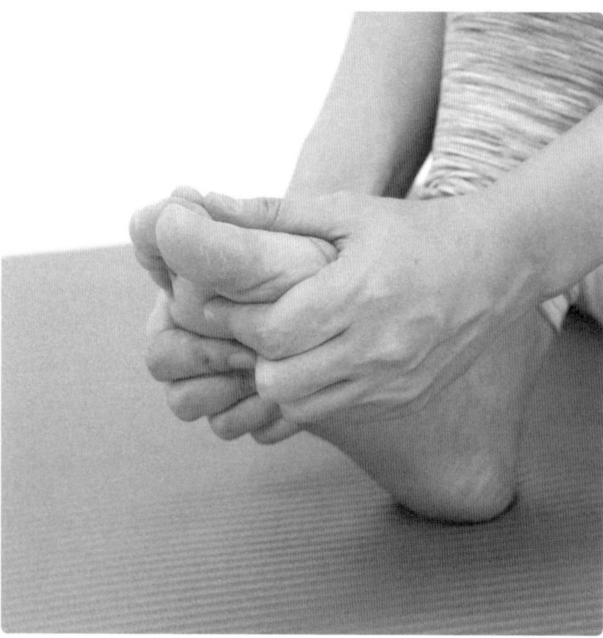

親指を足の甲へ当て、他の4本の指は足の裏の中央に当てます

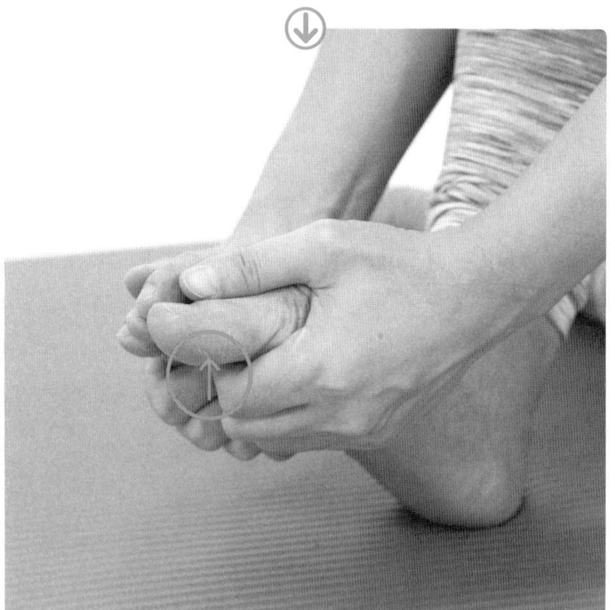

それぞれの指を押し込むようにして、足裏を動かします。左右とも10〜30回ずつ行います

足部のストレッチ② 足裏を絞って捻る

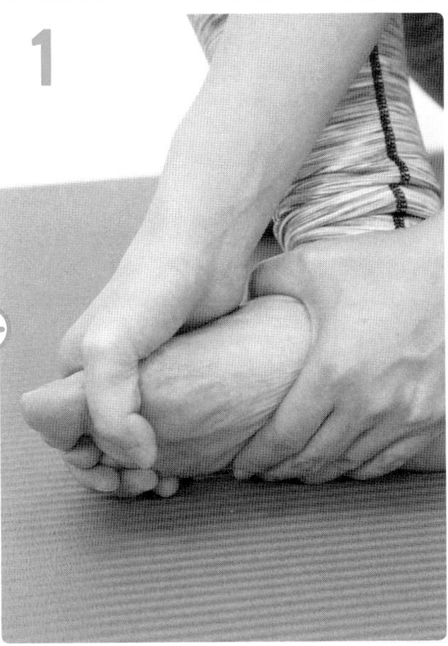

つま先側と足首の上あたりを持ちます

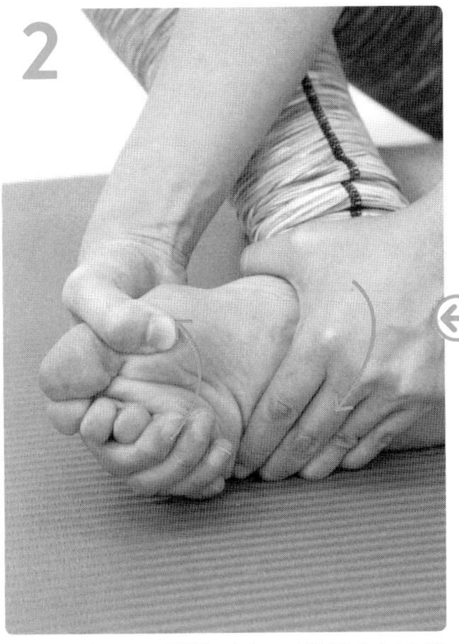

ぞうきんを絞るように足を捻ります。この動きを左右とも10～30回ずつ行います

足部のストレッチ③ つま先側を捻る

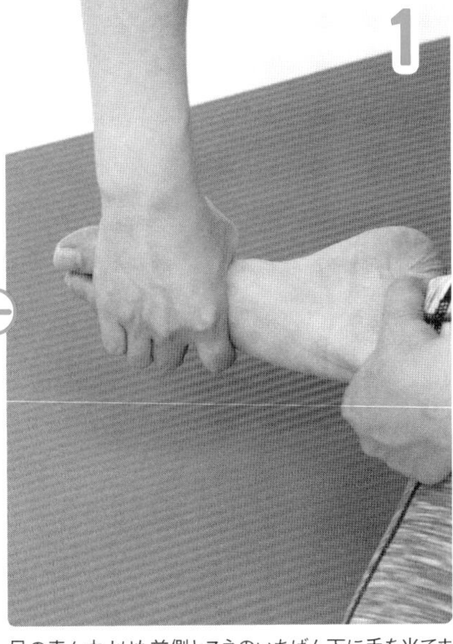

足の真ん中よりも前側とスネのいちばん下に手を当てます

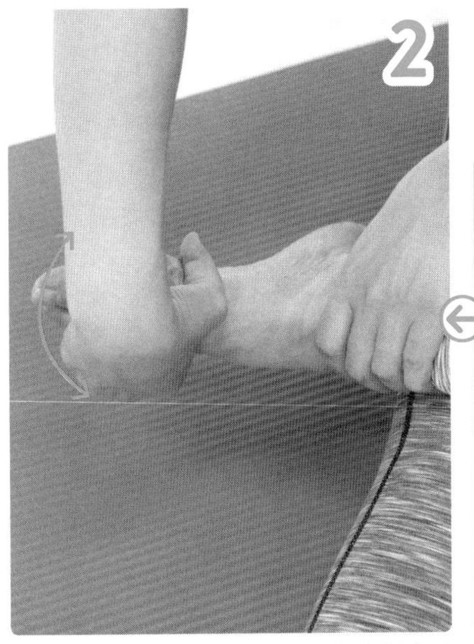

スネ側の手を固定して足に捻りを加えます。左右とも10～30回ずつ行います

アーチの形成と関節の動きを促す 足部のストレッチ②

196ページに続いて足部のストレッチを紹介します。ストレッチのメニューを組み立てるときに、まずは足のストレッチで足部を整えてから、他のストレッチに入りましょう。

足部のストレッチ④ 足裏でグーチョキ

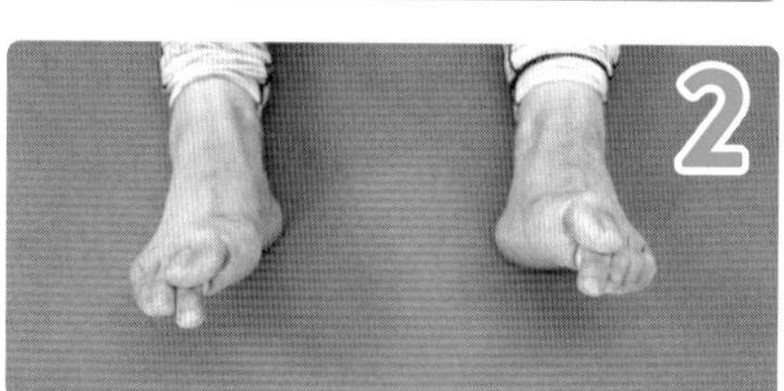

長座をして足裏で写真のようにグーチョキパーをし作ります

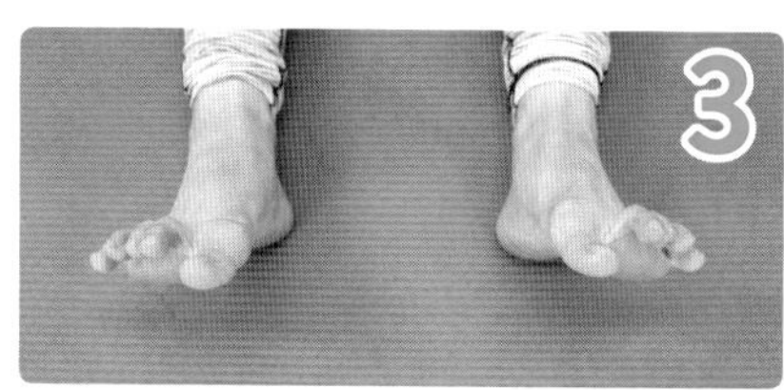

親指を人差し指と交差させてチョキを作ります

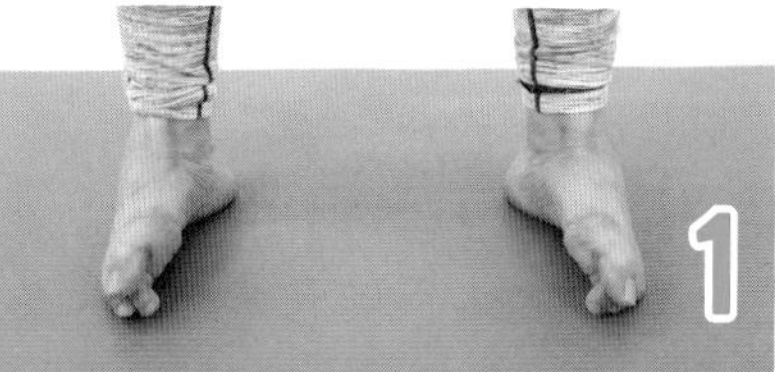

10~30回ほど行います

足部のストレッチ⑤ 立位でグーチョキパー

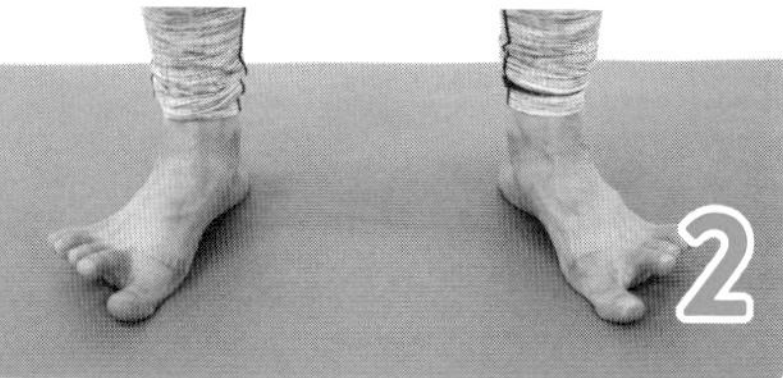

足の内側を持ち上げ、足の外側で支えて立ちます（グー）

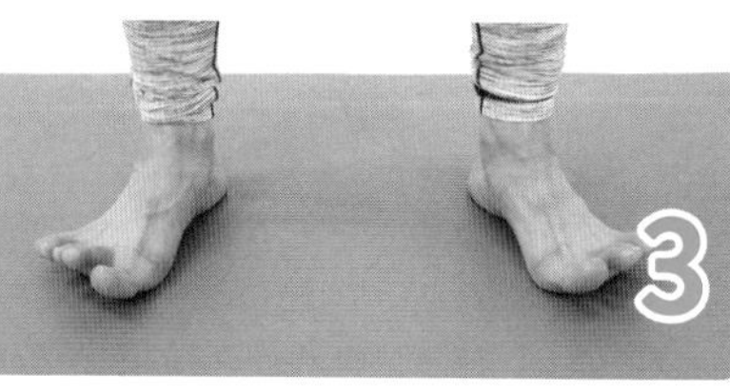

母指球（親指のつけ根）だけを床に押しつけ、他の指を持ち上げます（変形版のチョキ）

指全体を思いきり開いてパーにします。10〜30回ほど行いましょう

Kettle Bell Training 11

姿勢を見直す

アーチの形成と関節の動きを促す 足部のストレッチ③

ここでも足部のストレッチを紹介します。ストレッチのメニューを組み立てるときに、まずは足のストレッチで足部を整えてから、他のストレッチに入りましょう。

足部のストレッチ⑥ 足裏でボールキャッチ

1

カカトを床につけ、土踏まずあたりにボールがくるようにします

2

足裏でボールを握ります。指ではなく指の根元から握りこむことを意識します。10~30回ほど行います

足部のストレッチ⑦ ふくらはぎの圧迫

1

四つんばいになります。片方のスネを反対側の脚のふくらはぎに乗せ、少し痛みを感じるところに刺激を与えます

2

慣れてきたらお尻を乗せてさらに重さを加えます

Kettle Bell Traininng 12

姿勢を見直す

胸椎の改善①

胸椎は脊髄の中央（頸椎と腰椎の間）を構成している部位で、安定した姿勢や動作をするうえでとても重要な部位です。ここからは「体を支える（支持）」「体を動かす（運動）」ために胸椎が適切な位置になり、適切なカーブを描くように調整するストレッチを紹介します。

胸椎の改善① キャット＆ドッグ

1

手首は肩の下、ヒザは股関節の下

四つんばいになってヒジを伸ばし、肩を安定させます

2

鼻から大きく息を吸いながら胸を持ち上げ、横隔膜や肋骨周辺の動きをよくする

背中を反らします。骨盤と肩の回旋を意識しましょう

3

口から大きく息を吐きながら腹部に少し収縮をかける

背中を丸めます。2と3の動きを繰り返します

胸椎の改善② ストレッチポールを使ったストレッチ1

1

ポールを当てる部位は、肩甲骨の１番下の尖った部分が目安

両手を頭の後ろに当て、胸椎のあたりにストレッチポールを当てます

2

肩甲骨が外転すると上背部の軟部組織のゆるみがとれ、胸椎の動きを引き出しやすくなる

ヒジを前へ向けるつもりで閉じて寝転がります。5~10回ほど行います

胸椎の改善③ ストレッチポールを使ったストレッチ2

1

ハグをするような姿勢を作ります

2

その姿勢のまま寝転がります。5~10回ほど行います

3

背中を反らせたまま上半身を左右に捻る

4

左右に捻ることでさらに動きを引き出せます

Kettle Bell Training 13

姿勢を見直す

胸椎の改善②

200ページに続いて胸椎の改善を目的としたストレッチを紹介します。繰り返しになりますが、腰部や肩に痛みがある方は必ず医療機関の診断を受け、その指示にしたがってください。

胸椎の改善④ ストレッチポールを使ったストレッチ3

1

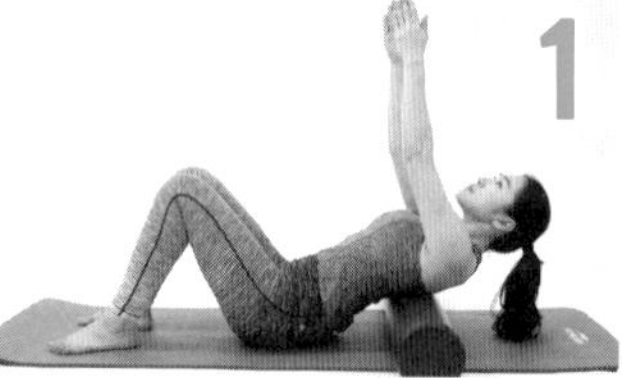

ストレッチポールを背中に敷いて寝転がり、両腕を上げます

2

両手を上げると、肩周辺の柔軟と胸椎の圧迫を同時に行えます

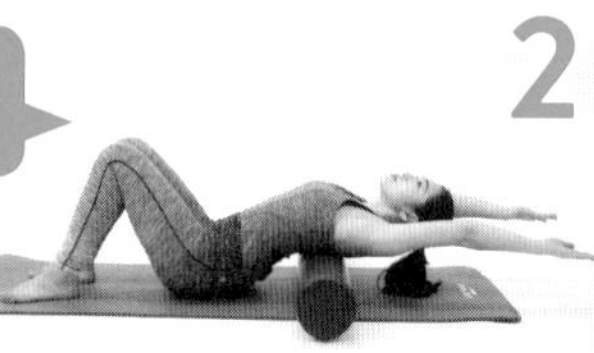

背中を反らせていきます。腰に過度な伸展が入らないように腹部の収縮を意識しましょう。5~10回ほど行います

3

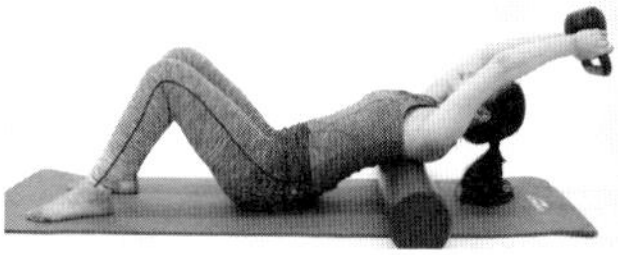

ケトルベルを持つと負荷を高められます

胸椎の改善⑤ ブリッジ

1

背中が反ると腰を痛めやすいため、お尻を引き締めておく

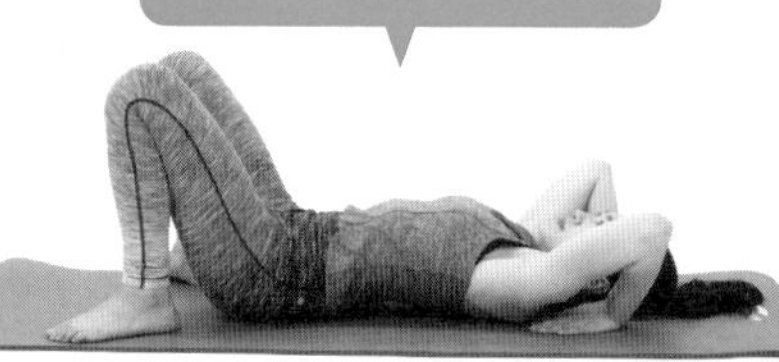

寝転がり、両手と両足裏を地面につけます

2

余裕があれば手と足の距離を近づけてもよい

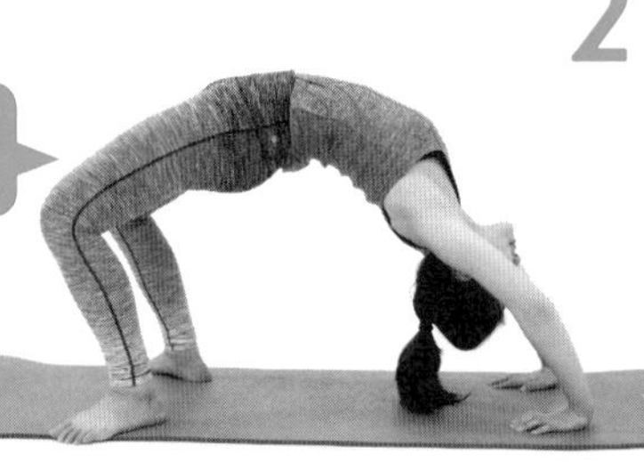

両手と両脚で地面を押してブリッジをします。3~5回ほど行います

胸椎の改善⑥ ケトルベルを使う

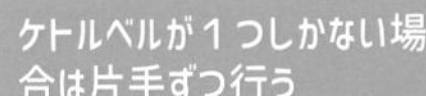

1

2つのケトルベルを使います。ハンドルに手を入れます

2

余裕があればハンドルの上に手を置いて行う

胸を地面に押しつけるように近づけます

通常のブリッジがキツい場合

正座をして両手を身体の後ろにつけます。手を身体のから離してお尻を引き締め、ヒジを後ろに向けて胸を張ります

Kettle Bell Training 14

姿勢を見直す

股関節の可動域を広げるストレッチ①

ハムストリングスや臀部の柔軟性が低下すると、腰椎の負荷を高めてしまい、腰痛の原因にもなります。またこの部位の柔軟性はヒンジ動作で欠かせないため、しっかりと柔軟性を獲得しましょう。ストレッチポールがあれば、このストレッチの前に簡単にリリースしておきましょう。

ハムストリングスのストレッチ① ストレッチポールに脚を乗せる

1

片脚をストレッチポールに乗せ、反対側の脚をその上に乗せます

2

脚全体を1秒に1cm程度動かします。特に刺激を強く感じたときには動きを止めたり、つま先を左右に振ったりします

3

反対側も行います。片脚につき30秒~1分ほど行います

ハムストリングスのストレッチ② ケトルベルを使う

ハンドルのうえに片方の脚を乗せます

ケトルベルに乗せたヒザを伸ばします。上半身を捻ったり背中を丸めたりせずに前屈します

反対側も同じように行います。左右とも5~10回行います

姿勢を見直す

股関節の可動域を広げるストレッチ②

スイングでは臀部が収縮するため、収縮と反対の動きをする筋肉（拮抗筋）である腸腰筋は伸ばされることになります。正しくスイングをするためには、腸腰筋の柔軟性を保つことがとても重要になります。

股関節前面のストレッチ① 四つんばいでお尻を引き締める

1

四つんばいになります

2

臀部を引き締めながら床に押しつけることで腸腰筋がストレッチされる

お尻を持ち上げたり、床に押しつけて背中を反らせます。5~10回行います

股関節前面のストレッチ② ヒップブリッジ

1

ヒザを立てて寝転がります。クッションなどをヒザの間にはさみ、カカトを地面に押し当てます

2

お尻を引き締めて持ち上げます。お尻を突き上げた時に、臀部など後ろの筋肉に強く緊張を感じます

ハムストリングスのストレッチ ケトルベルグッドモーニング

身体の後ろでケトルベルを持ちます

今度はヒンジの姿勢を取り、お尻の後ろでケトルベルを持ちます

首の真後ろまでケトルベルを持ち上げます

首の真後ろまでケトルベルを持ち上げます。この動きを30秒～1分ほど繰り返します

姿勢を見直す

股関節の可動域を広げるストレッチ③

股関節のストレッチ④ ゴブレットスクワット

1

両手でケトルベルを持ち、胸の高さで保持します

2

鼻から力強く息を吸いこんで腹圧を高めます。カカトに重心を乗せ、ヒザを外方へ押し出しながら深くしゃがみます

3

勢いよく立ち上がり、この動作を5~10回ほど繰り返します

股関節のストレッチ⑤ 左右に体重を移動する

3

2

常に背中を真っすぐに保ち、両ヒジは両ヒザの内側に収める

1

胸を広げて肩を引き下げる

反対側のカカトに重心を移動します。この動きを5~10回ほど繰り返します

鼻から力強く息を吸いこんで腹圧を高めます。左足のカカトに重心を乗せます

足は肩幅程度に開きます。両手でケトルベルを持ち、胸の高さで保持します

股関節のストレッチ⑥ ケトルベルカール

3

2

1

姿勢を崩さない程度に、深呼吸をしながら行う

深い呼吸をしながら5回ほど繰り返します

ケトルベルをゆっくりと地面に近づけた後、カールして持ち上げます

しゃがんでヒザの内側にヒジを押しつけます

姿勢を見直す

臀部の可動域を広げるストレッチ

ヒンジ動作やフルスクワットでは、臀部の柔軟性が欠かせません。臀部にはいくつかの筋肉があるため、いくつかの動きを伴ったストレッチを行う必要があります。ここでは、2種類の動きを用いて行っていきましょう。

臀部のストレッチ① テニスボールストレッチ

1

お尻の外側あたりにテニスボールを置いて座ります

2

座った状態を30〜60秒ほど保ちます。特に硬さを感じる場合は2分ほど行ってもかまいません。左右とも行います

臀部のストレッチ② 寝転がってヒザを抱える

うつ伏せになって両手で片ヒザを抱え込みます

ヒザを胸のほうへ引き寄せます。30秒~1分ほど行います

臀部のストレッチ③ 座ってヒザを組む

両ヒザを立てて座り、ストレッチをしたいほうの脚を反対側の脚に乗せます

ヒザを胸に近づけると負荷を強められる

胸を張って肩を引き下げた姿勢を30秒~1分ほど保ちます

内転筋群のストレッチ①

スイングやスクワットでは股関節の外旋（※）を使うことで、より内転筋群を動員できるようになり、よりパワフルな動きができます。逆に内転筋群の柔軟性が乏しいと、ヒザの外への押し出しが上手くできないため、最低限の柔軟性を確保しましょう。

※一般的には大腿骨を外側に回す動作を意味する。本書ではヒザを外に押し出す動作と表現している

内転筋群のストレッチ① ケトルベルを持って重心移動

1

片ヒザをつき、片ヒザを立てます。立てたほうのヒザを外側に向け、つま先を45度外側に向けます

2

余裕があればつま先を45度よりも広げる

地面についているほうにある重心を、立てたヒザのほうへ移動させるように骨盤を動かします

3

立てるヒザと地面につけるヒザを入れ替えます。骨盤の動きで重心を移動させます

内転筋群のストレッチ② ケトルベルを持ってスプリットストレッチ

1

ケトルベルを前に置いて開脚をします

2

背中が丸まって姿勢が真っ直ぐにならない方に有効です。30秒~1分ほど行います。余裕があれば、胸を床に近づけるように体を倒す

内転筋群のストレッチ②

このページでも内転筋群の可動域を広げるストレッチを紹介します。ここで紹介する動きはロシアのコサックダンスと似てることから、「コサックストレッチ」と呼ばれることもある種目になります。

内転筋群のストレッチ③ コサックストレッチ

ケトルベルを持って行う

ケトルベルを持って行います。ケトルベルを持つことで、重量がストレッチを促進したり、上体のバランスが保ちやすいというメリットがあります。

1

ケトルベルを持ちます

2

片方のヒザを完全に伸ばします

3

反対側のヒザを完全に伸ばします。この動きを5〜10回ほど繰り返します

ケトルベルを持たずに行う

適度な重量のケトルベルがなかったり、重量を持ってしまうと動作が行えないという方はこちらのやり方を試してみましょう。

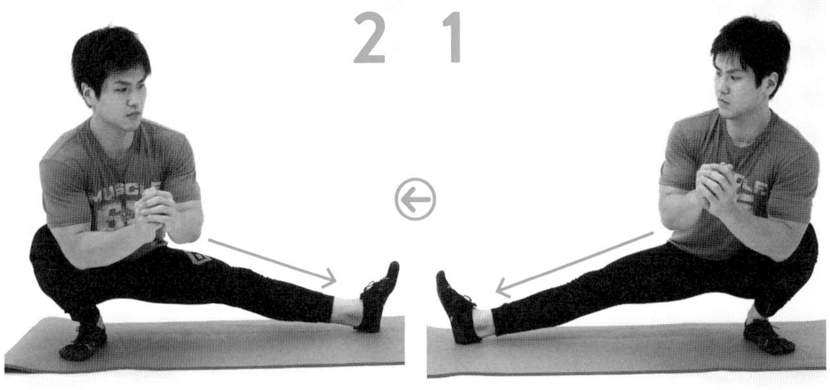

反対側のヒザを完全に伸ばします。この動きを5~10回ほど繰り返します

ケトルベルを持たずに片方のヒザを完全に伸ばします

2つのどちらもできない場合

ケトルベルを持つ、持たないにかかわらず深くしゃがんでヒザを伸ばせない方に向けたやり方です。床に手をついて動きを補助しながら行います。

両手をついてサポートをしながら、反対側のヒザを完全に伸ばします。この動きを5~10回ほど繰り返します

両手をついてサポートをしながら、片方のヒザを完全に伸ばします

Kettle Bell Training 20

姿勢を見直す

腹式呼吸ができているかを確認する

ケトルベルで最も大切な要素は「正しい姿勢を維持する」ことです。そして正しい姿勢を作って保つためには、呼吸（腹式呼吸）をうまく活用する必要性があります。ここでは正しい腹式呼吸についての理解を深め、実践できるようになりましょう。

腹式呼吸の準備 キャット&ドッグで呼吸

1

骨盤を後傾させて背中を丸め、しっかりと床を押すようにします。お腹を凹ませるように息を吐き、それを保ったまま深呼吸を2～3回繰り返します

2

骨盤を前傾させながら背中を反らせます。腰を反らせるのではなく、胸を高く持ち上げましょう。胸を膨らませるように大きく口から息を吸い込み、深呼吸を2～3回します

腹式呼吸の確認 仰向けで呼吸

仰向けになりヒザを立てます

腹部と胸部に手を置き、呼吸によって大きく上下に動かします。30秒ほど行います

胸に置いた手が動かないようにする

余裕がある場合は

余裕がある場合は腹部へケトルベルを置きます

重りを置くことでより深い呼吸を意識できます。30秒ほど行います

Kettle Bell Training 21

姿勢を見直す

より強い腹圧を作る①

腹圧で大切になる部位は、横隔膜や腹筋群、骨盤底筋群です。ところがこの部位がどこにあるのか、そしてどのように動かしたらよいのかは、なかなかイメージできないでしょう。そこでイラストで大切な部位を確認し、その後にここで紹介するエクササイズをやってみてください。

腹筋群と骨盤底筋群、横隔膜

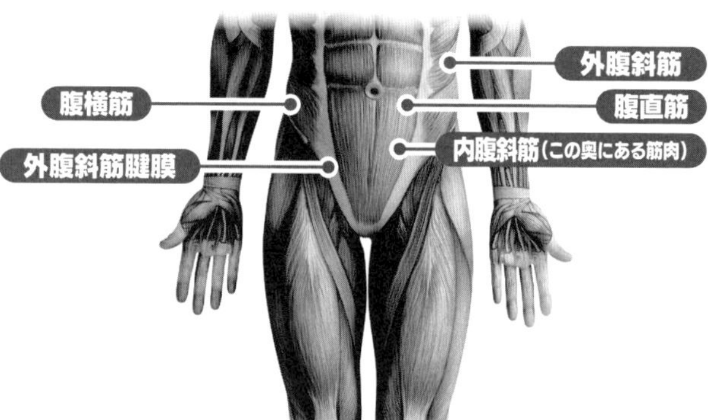

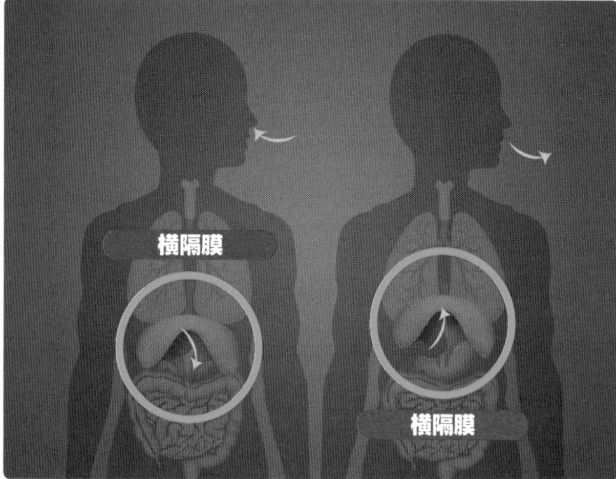

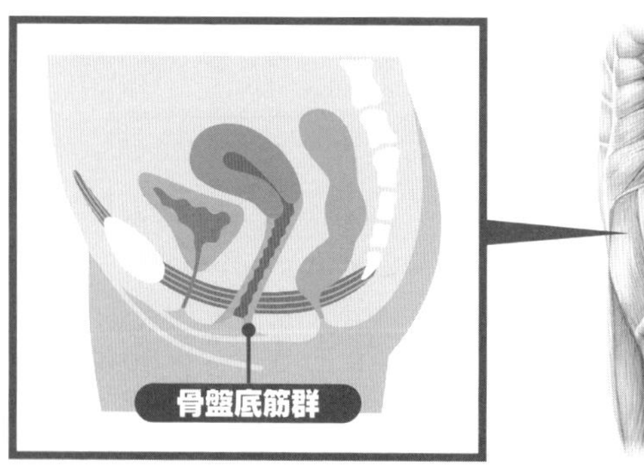

横隔膜や腹筋群、骨盤底筋群はそれぞれ、このような場所に位置しています

腹圧を強化 風船やストローを使って呼吸

風船をくわえておもいきり息を吸います

吸った空気をすべて吐き出すつもりで吐きます

腹筋群と骨盤底筋群の収縮を感じたら、思いきり息を吸い込みます。図のようなイメージでお腹が圧縮するような感じがあればOKです

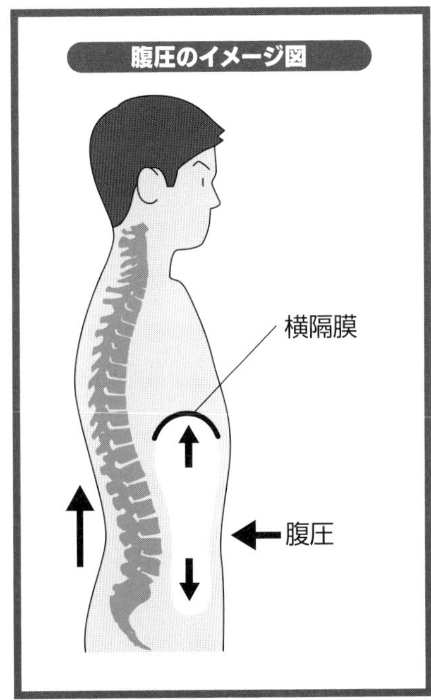

Kettle Bell Training
22
姿勢を見直す

より強い腹圧を作る②

せっかく腹圧が作れても、息の吐き方を知らないとすぐに腹圧は下がってしまいます。腹圧を高め続けた状態で呼吸を行うために、浅い呼吸で息を吐き出せるようになりましょう。

腹圧を保った呼吸をする① アブドミナルクランチで呼吸

1

ヒザを立てて仰向けになり、肩甲骨を持ち上げて背中を丸めます。できるだけ強く腹筋を収縮させます

2

余裕があればこの状態でお腹を叩いて腹部の圧縮を確認する

鼻から鋭く息を吸って腹部をできるだけ膨らませます。この動きを30秒〜1分ほど繰り返します

腹圧を保った呼吸をする② 腹圧を高めたままプランク

1

プランクの姿勢を作ります。肩の下にヒジを置き、こぶしを握ります。脚を閉じてヒザを伸ばします

2

☑ ポイント

- ☑腹筋を強く収縮させて肋骨を下制させる
- ☑力強く拳を握り、肩と耳を引き離すように広背筋を収縮させる
- ☑臀部を全力で引き締め、ヒザのお皿を引っ張るように大腿前面に力を入れる

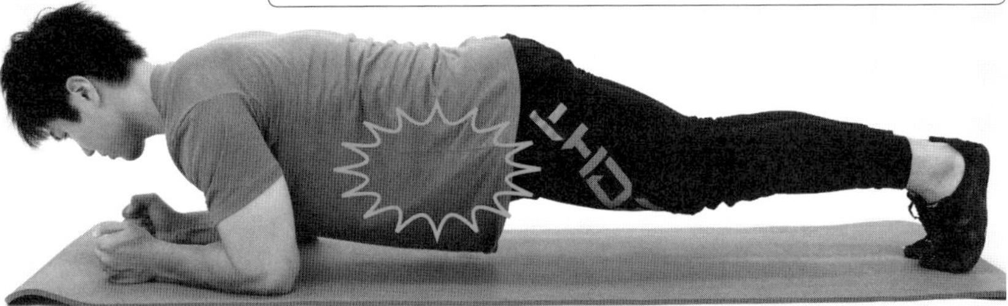

息を吐きながら右上のポイントを意識して腹圧を高めます

3

強い腹圧（力強い腹筋の収縮）を維持したまま、ツゥーッと浅く長く息を吐き出しながら、できれば30秒ほど姿勢を維持します。

おわりに

トレーニングは「しんどくないと意味がない」というイメージを持たれる方は、非常に多いのではないでしょうか。

本書では「姿勢を維持する」という観点から「ケトルベルトレーニングで追い込むことは基本的にやらない」とお伝えしていますが、意外に思われたり、物足りないと感じる方も少なからずいらっしゃるのではないでしょうか。

しかしながら、本書で記した内容が正しい操体法や、正しい姿勢が皆さんの日常や競技能力を高める土台になることは間違いありません。

私が皆さんへのインストラクションで心掛けていることは、ケトルベルの種目ができるようになることではなく、「ケトルベルを行うことでの恩恵を１００％受けてもらうこと」、これにつきます。

重さにこだわったりすることで、フォームや姿勢を犠牲にすることは大きなムダです。本書に記した通り、重さにこだわらずに正しいフォームで多くの回数を行うほうが、何倍も何十倍も効果が得られ、なにより安全です。

この一番大事なことが、皆さまに伝わり、日々のトレーニングに活かしていただければ幸いです。

StrongFirst公認ケトルベルインストラクター　花咲 拓実

著者

花咲 拓実（はなさき・たくみ）

1992年3月5日生まれ。2012年、当時アメリカで最も有名なケトルベル指導の団体RKCが発行する資格を韓国にて取得。その後他団体であるStrongFirstに移籍するとともに、海外への渡航を繰り返しケトルベル実技や指導スキルを学ぶ。現在はフリーランスのパーソナルトレーナーとして、専門学校での非常勤講師活動、ゴールドジムや東急オアシスでの活動などをしながら、日比谷公園などでケトルベルの指導を行なっている。

モデル

上西 真智子
（うえにし・まちこ）

企画・構成・編集
佐藤 紀隆（株式会社Ski-est）
稲見 紫織（株式会社Ski-est）
www.ski-est.com

校正
山口 芳正

デザイン
三國 創市（株式会社多聞堂）
沖増 岳二

写真
眞嶋 和隆

イラスト
楢崎 義信

制作協力
有限会社伊藤鉉鋳工所
http://ito-gen.jp/

動ける強いカラダを作る!
ケトルベル

2020年11月1日 初版第1刷発行

著　者　花咲 拓実
発行者　廣瀬 和二
発行所　株式会社日東書院本社
〒160-0022 東京都新宿区新宿2丁目15番14号 辰巳ビル
TEL:03-5360-7522(代表)　FAX:03-5360-8951(販売部)
振替 00180-0-705733　URL：http://www.TG-NET.co.jp
印刷所　三共グラフィック株式会社
製本所　株式会社セイコーバインダリー

ISBN 978-4-528-02321-5　C2075